Giacomo Puccini

Tosca

Melodramma in tre atti

Oper in drei Akten

Textbuch Italienisch / Deutsch

Libretto nach Victorien Sardou
von Giuseppe Giacosa und Luigi Illica

Übersetzung von Thomas Flasch

Nachwort von Henning Mehnert

Philipp Reclam jun. Stuttgart

Der Übersetzung lag das 1979 bei G. Ricordi, Mailand, erschienene italienische Textbuch zugrunde.

Umschlagabbildung: Maria Callas in der Titelrolle der Tosca (London 1964, Paris 1965)

RECLAMS UNIVERSAL-BIBLIOTHEK Nr. 6799

Gesamtherstellung: Reclam, Ditzingen. Printed in Germany 2007

ISBN: 978-3-15-006799-4

www.reclam.de

Tosca

Personaggi

FLORIA TOSCA, celebre cantante . . . . . . Soprano
MARIO CAVARADOSSI, pittore. . . . . Tenore
Il Barone SCARPIA, Capo della Polizia . . Baritono
CESARE ANGELOTTI . . . . Basso
IL SAGRESTANO . . . . Baritono
SPOLETTA, Agente di Polizia. . . . . Tenore
SCIARRONE, Gendarme . . . . Basso
UN CARCERIERE . . . . Basso
UN PASTORE . . . . Ragazzo

Un Cardinale – Il Giudice del Fisco
ROBERTI, esecutore di Giustizia – Uno Scrivano
Un Ufficiale – Un Sergente

Soldati, Birri, Dame, Nobili, Borghesi, Popolo, ecc.

La scena si rappresenta in Roma, Giugno 1800.

Prima rappresentazione:
Roma (Teatro Costanzi) 14 Gennaio 1900

Personen

FLORIA TOSCA, berühmte Sängerin . . . . . Sopran
MARIO CAVARADOSSI, Maler . . . . Tenor
Baron SCARPIA, Polizeichef . . . . Bariton
CESARE ANGELOTTI . . . . Baß
DER MESNER . . . . Bariton
SPOLETTA, Polizeiagent. . . . . Tenor
SCIARRONE, Gendarm . . . . Baß
EIN GEFÄNGNISWÄRTER . . . . Baß
EIN HIRT . . . . Knabenstimme

Ein Kardinal – Der Untersuchungsrichter
ROBERTI, Gerichtsdiener – Ein Schreiber
Ein Offizier – Ein Sergeant

Soldaten, Geheimpolizei, adlige Damen und Herren, Bürger, Volk usw.

Die Handlung spielt in Rom, Juni 1800.

Uraufführung:
14. Januar 1900 in Rom (Teatro Costanzi)

Atto primo

La Chiesa di Sant'Andrea della Valle.

A destra, la Cappella Attavanti. A sinistra, un impalcato: su di esso, un gran quadro coperto da tela. Attrezzi vari da pittore. Un paniere.

ANGELOTTI *(vestito da prigioniero, lacero, sfatto, tremante dalla paura, entra ansante, quasi correndo, dalla porta laterale. Dà una rapida occhiata intorno).*
Ah! ... Finalmente! ... Nel terror mio stolto
vedea ceffi di birro in ogni volto.
(Ha un moto di spavento, poi torna a guardare attentamente intorno a sé con più calma a riconoscere il luogo. Dà un sospiro di sollievo vedendo la colonna colla pila dell'acqua santa e la Madonna.)
La pila ... la colonna ...
»A pie' della Madonna«
mi scrisse mia sorella ...
(Si avvicina alla colonna e cerca la chiave ai piedi della statua della Madonna. Non trova; agitatissimo cerca di nuovo. Fa un atto di scoraggiamento e riprende a cercare. Finalmente, con un soffocato grido di gioia, trova la chiave.)
Ecco la chiave ... ed ecco la Cappella! ...
(Addita la Cappella Attavanti; preso da nuovo timore d'essere spiato, si guarda d'attorno, poi si dirige alla Cappella; con gran precauzione introduce la chiave nella serratura, apre la cancellata, e scompare dopo aver richiuso il cancello.)

SAGRESTANO *(appare dal fondo: va da destra a sinistra, accudendo al governo della chiesa: avrà in mano un mazzo di pennelli. Si avvicina all'impalcato, parlando ad alta voce come se rivolgesse la parola a qualcuno).*

Erster Akt

Die Kirche Sant'Andrea della Valle.

Rechts die Kapelle der Familie Attavanti. Links ein Gerüst: darüber ein großes, mit einem Tuch verhängtes Gemälde. Verschiedenes Malgerät. Ein Eßkorb.

ANGELOTTI *(in Sträflingskleidern, zerlumpt, erschöpft, vor Furcht zitternd, eilt außer Atem zur Seitentür herein. Er wirft einen raschen Blick umher).*
Ah! ... Endlich! ... In meiner irrsinnigen Angst
sah ich die Fratzen der Häscher in allen Gesichtern.
(Schrickt zusammen, dann späht er wieder aufmerksam umher, um beruhigter den Ort wiederzuerkennen. Mit einem Seufzer der Erleichterung erblickt er die Säule mit dem Weihwasserbecken und der Madonna.)
Das Becken ... die Säule ...
»Zu Füßen der Madonna«,
schrieb mir meine Schwester ...
(Nähert sich der Säule und sucht den Schlüssel zu Füßen der Madonnenstatue. Er findet nichts; erregt sucht er weiter. Will entmutigt aufgeben und sucht erneut. Endlich, mit einem unterdrückten Freudenschrei, findet er den Schlüssel.)
Da ist der Schlüssel ... und da die Kapelle! ...
(Weist auf die Kapelle Attavanti; von neuer Angst ergriffen, entdeckt zu werden, sieht er sich um, geht dann zu der Kapelle; äußerst vorsichtig steckt er den Schlüssel ins Schloß, öffnet das Gitter und verschwindet, nachdem er das Tor wieder verschlossen hat.)

MESNER *(erscheint im Hintergrund: geht von rechts nach links, um die Kirche zu inspizieren; er hält ein Bündel von Pinseln in der Hand. Er nähert sich dem Gerüst und spricht mit lauter Stimme, als ob er seine Worte an jemand richtete).*

E sempre lava! ... Ogni pennello è sozzo
peggio d'un collarin d'uno scagnozzo.
Signor pittore ... To'! ...
(Guarda sull'impalcato; è sorpreso vedendolo deserto.)
Nessuno. Avrei giurato
che fosse ritornato
il cavalier Cavaradossi.
(Depone i pennelli, sale sull'impalcato, guarda dentro il paniere, e dice.)
No, sbaglio. Il paniere è intatto.
(Scende dall'impalcato. Suona l'Angelus. Il Sagrestano si inginocchia e prega sommesso.)
Angelus Domini nuntiavit Mariae,
et concepit de Spiritu Sancto. Ecce
ancilla Domini; fiat mihi secundum
Verbum tuum. Et Verbum caro factum
est et habitavit in nobis.

Cavaradossi. Sagrestano.

CAVARADOSSI *(dalla porta laterale, vedendo il Sagrestano in ginocchio).*
Che fai?

SAGRESTANO *(alzandosi).*
Recito ›l'Angelus‹.
(Cavaradossi sale sull'impalcato e scopre il quadro. È una Maria Maddalena a grandi occhi azzurri con una gran pioggia di capelli dorati. Il pittore vi si sta dinanzi muto attentamente osservando.
Il Sagrestano, volgendosi verso Cavaradossi per dirigergli la parola vede il quadro scoperto ed esclama con grande meraviglia.)
Sante ampolle! Il suo ritratto! ...

Und immer auswaschen! ... Alle Pinsel sind beschmiert, schlimmer als der Kragen eines Bettelmönches.
Meister ... Nanu! ...
(Schaut zum Gerüst hinauf; zu seiner Überraschung findet er es leer.)
Niemand. Ich hätte geschworen,
er sei zurück,
der Cavaliere Cavaradossi.
(Legt die Pinsel ab, besteigt das Gerüst, sieht in den Korb und sagt.)
Nein, ich irre mich. Der Korb ist unberührt.
(Steigt wieder herab vom Gerüst. Das Angelus wird geläutet. Der Mesner kniet nieder und betet leise.)
Angelus Domini nuntiavit Mariae,
et concepit de Spiritu Sancto. Ecce
ancilla Domini; fiat mihi secundum
Verbum tuum. Et Verbum caro factum
est et habitavit in nobis.

Cavaradossi. Der Mesner.

CAVARADOSSI *(tritt durch die Seitentür und erblickt den knienden Mesner).*
Was tust du?
MESNER *(erhebt sich).*
Ich bete das Angelus.
(Cavaradossi steigt auf das Gerüst und enthüllt das Gemälde. Es ist eine Maria Magdalena mit großen blauen Augen und goldener Haarpracht. Der Maler steht schweigend davor und prüft es aufmerksam.
Der Mesner wendet sich zu Cavaradossi, um ihm etwas zu sagen, sieht das enthüllte Gemälde und ruft voller Staunen.)
Bei den Heiligen! Ihr Bild! ...

CAVARADOSSI *(volgendosi al Sagrestano).*
Di chi?
SAGRESTANO. Di quell'ignota
che i dì passati a pregar qui venìa
tutta devota – e pia.
(Con untuosa attitudine accennando verso la Madonna, dalla quale Angelotti trasse la chiave.)
CAVARADOSSI *(sorridendo).*
È vero. E tanto ell'era
infervorata nella sua preghiera
ch'io ne pinsi, non visto, il bel sembiante.
SAGRESTANO *(scandalizzato, da sé).*
Fuori, Satana, fuori!
CAVARADOSSI *(al Sagrestano).*
Dammi i colori!
(Il Sagrestano eseguisce, Cavaradossi dipinge con rapidità e si sofferma spesso a riguardare il proprio lavoro, mentre il Sagrestano va e viene, poi riprende i pennelli che lava in una catinella ai piedi dell'impalcato.
Ad un tratto Cavaradossi ristà dal dipingere; leva di tasca un medaglione contenente una miniatura e gli occhi suoi vanno dal medaglione al quadro.)
Recondita armonia
di bellezze diverse! ... È bruna Floria,
l'ardente amante mia,
e te, beltade ignota,
cinta di chiome bionde!
Tu azzurro hai l'occhio, Tosca ha l'occhio nero!
L'arte nel suo mistero
le diverse bellezze insiem confonde:
ma nel ritrar costei
il mio solo pensier, Tosca, tu sei!
(Continua a dipingere.)
SAGRESTANO *(fra sé brontolando a mezza voce).*

CAVARADOSSI *(wendet sich zu dem Mesner).*
Wessen?
MESNER. Jener Unbekannten,
die in den letzten Tagen zum Beten hierher kam,
ganz andächtig – und fromm.
(Er deutet feierlich nach der Madonna, von der Angelotti den Schlüssel geholt hat.)
CAVARADOSSI *(lächelnd).*
Das stimmt. Und so sehr war sie
in ihr Gebet vertieft,
daß ich unbemerkt ihr schönes Gesicht malen konnte.
MESNER *(empört, beiseite).*
Weiche, Satan, weiche!
CAVARADOSSI *(zum Mesner).*
Gib mir die Farben!
(Der Mesner gehorcht, Cavaradossi malt rasch und unterbricht sich oft, um sein Werk zu betrachten, während der Mesner hin- und hergeht, dann wieder die Pinsel nimmt, die er in einer Waschschüssel zu Füßen des Gerüsts auswäscht.
Plötzlich hört Cavaradossi zu malen auf; er zieht ein Medaillon mit einer Miniatur aus der Tasche, und seine Augen schweifen vom Medaillon zum Gemälde.)
Sie gleichen sich auf unergründliche Weise
und sind doch von so unterschiedlicher Schönheit! ...
Braun ist Floria,
meine feurige Geliebte,
und du, unbekannte Schöne,
bist bekränzt mit blonden Locken!
Blaue Augen hast du, Toscas Augen sind schwarz!
Die Kunst verbindet mit ihrem Zauber
so ungleiche Reize zu einem:
doch wenn ich jene male,
bist, Tosca, du mein einziger Gedanke!
(Malt weiter.)
MESNER *(halblaut vor sich hinbrummend).*

Scherza coi fanti e lascia stare i santi.
(S'allontana per prendere l'acqua onde pulire i pennelli, poi ritorna dal fondo e sempre scandalizzato dice.)
Queste diverse gonne
che fanno concorrenza alle Madonne
mandan tanfo d'Inferno.
(Asciuga i pennelli lavati non senza continuare a borbottare.)
Ma con quei cani – di volterriani
nemici del santissimo governo
non c'è da metter voce! ...
(Pone la catinella sotto l'impalcato ed i pennelli li colloca in un vaso, presso al pittore. – Accennando a Cavaradossi.)
Scherza coi fanti e lascia stare i santi.
Già, sono impenitenti tutti quanti!
Facciam piuttosto il segno della croce.
(Eseguisce. – A Cavaradossi.)
Eccellenza, vado.

CAVARADOSSI. Fa il tuo piacere!
(Continua a dipingere.)

SAGRESTANO *(indicando il cesto).*
Pieno è il paniere ...
Fa penitenza?

CAVARADOSSI. Fame non ho.

SAGRESTANO *(con ironia, stropicciandosi le mani).*
Oh! ... mi rincresce!
(Non può trattenere un gesto di gioia e uno sguardo di avidità verso il cesto che prende ponendolo un po' in disparte. Fiuta due prese di tabacco.)
Badi, quand'esce chiuda.

CAVARADOSSI *(dipingendo).*
Va!

Scherze mit den Kindern, und laß die Heiligen in Ruhe.
(Geht und holt Wasser, um die Pinsel auszuwaschen, kommt aus dem Hintergrund zurück und sagt, immer noch empört.)
Diese ungleichen Weiber,
die den Madonnen Konkurrenz machen,
stinken nach der Hölle.
(Trocknet die ausgewaschenen Pinsel und brummt weiter vor sich hin.)
Aber mit diesen – Hunden von Voltairianern,
den Feinden unsrer allerheiligsten Regierung,
kann man ja nicht reden! ...
(Stellt den Wasserbehälter unter das Gerüst und steckt die Pinsel in ein Gefäß neben dem Maler. – Deutet auf Cavaradossi.)
Scherze mit den Kindern, und laß die Heiligen in Ruhe.
Ja, sie sind ruchlos alle miteinander!
Wir machen am besten ein Kreuz.
(Bekreuzigt sich. – Zu Cavaradossi.)
Euer Gnaden, ich gehe.

CAVARADOSSI. Wie es dir beliebt!
(Malt weiter.)

MESNER *(zeigt auf den Eßkorb).*
Der Korb ist gefüllt ...
Fastet Ihr?

CAVARADOSSI. Ich habe keinen Hunger.

MESNER *(ironisch, sich die Hände reibend).*
Oh! ... Das tut mir leid!
(Kann eine Bewegung der Freude nicht unterdrücken und wirft unwillkürlich einen begehrlichen Blick nach dem Korb, den er ein wenig beiseite stellt. Nimmt zwei Prisen Schnupftabak.)
Denkt daran, wenn Ihr geht, schließt ab.

CAVARADOSSI *(malend).*
Geh!

SAGRESTANO. Vo.
(S'allontana per il fondo.
Cavaradossi, volgendo le spalle alla Cappella, lavora. Angelotti, credendo deserta la chiesa, appare dietro la cancellata e introduce la chiave per aprire.)

Cavaradossi. Angelotti.

CAVARADOSSI *(al cigolio della serratura si volta).*
Gente là dentro!
(Al movimento fatto da Cavaradossi, Angelotti, atterrito, si arresta come per rifugiarsi ancora nella Cappella, ma, alzati gli occhi, un grido di gioia, che egli soffoca tosto tutto timoroso, erompe dal suo petto. Egli ha riconosciuto il pittore e gli stende le braccia come ad un aiuto insperato.)
ANGELOTTI. Voi! Cavaradossi! Vi manda Iddio!
(Cavaradossi non riconosce Angelotti e rimane attonito sull'impalcato.
Angelotti si avvicina di più onde farsi riconoscere.)
Non mi ravvisate?
Il carcere mi ha dunque assai mutato!
CAVARADOSSI *(riconoscendolo, depone rapido tavolozza e pennelli, scende dall'impalcatura verso Angelotti guardandosi cauto intorno).*
Angelotti! Il Console
della spenta repubblica romana.
(Corre a chiudere la porta laterale.)
ANGELOTTI *(andando incontro a Cavaradossi, con mistero).*
Fuggii pur ora da Castel Sant'Angelo . . .
CAVARADOSSI *(generosamente).*
Disponete di me.
VOCE DI TOSCA *(di fuori).*
Mario!

MESNER. Ich geh.
(Verschwindet im Hintergrund.
Cavaradossi arbeitet, den Rücken zur Kapelle. Angelotti, der die Kirche verlassen glaubt, erscheint hinter dem Gitter und steckt den Schlüssel ins Schloß, um zu öffnen.)

Cavaradossi. Angelotti.

CAVARADOSSI *(wendet sich bei dem Kreischen des Schlosses um).*
Da drinnen ist jemand!
(Bei Cavaradossis Bewegung hält Angelotti erschrocken inne und will sich wieder in die Kapelle zurückziehen, als er aber aufblickt, stößt er einen Freudenschrei aus, den er aus Angst rasch unterdrückt. Er hat den Maler erkannt und streckt ihm wie einem unverhofften Retter die Arme entgegen.)
ANGELOTTI. Ihr, Cavaradossi! Euch schickt Gott!
(Cavaradossi erkennt Angelotti nicht, er bleibt erstaunt auf dem Gerüst stehen.
Angelotti tritt näher, um erkannt zu werden.)
Erkennt Ihr mich nicht?
Das Gefängnis hat mich also so sehr verändert?
CAVARADOSSI *(erkennt ihn, legt schnell Palette und Pinsel ab, steigt, vorsichtig um sich blickend, vom Gerüst zu Angelotti herunter.)*
Angelotti! Der Konsul
der ehemaligen Römischen Republik.
(Läuft zur Seitentür und schließt sie ab.)
ANGELOTTI *(geht Cavaradossi entgegen, geheimnisvoll).*
Ich bin eben aus der Engelsburg entkommen …
CAVARADOSSI *(großherzig).*
Verfügt über mich.
TOSCAS STIMME *(von draußen).*
Mario!

(Alla voce di Tosca, Cavaradossi fa un rapido cenno ad Angelotti di tacere.)

CAVARADOSSI.
Celatevi! È una donna . . . gelosa.
Un breve istante e la rimando.

VOCE DI TOSCA. Mario!

CAVARADOSSI *(verso la porta di dove viene la voce di Tosca).*
Eccomi!

ANGELOTTI *(colto da un eccesso di debolezza, si appoggia all'impalcato).*
Sono stremo di forze, più non reggo.

CAVARADOSSI *(rapidissimo, sale sull'impalcato, ne discende col paniere e lo dà ad Angelotti).*
In questo panier vi è cibo e vino.

ANGELOTTI. Grazie!

CAVARADOSSI *(incoraggiando Angelotti lo spinge verso la Cappella).*
Presto!
(Angelotti entra nella Cappella.)

Cavaradossi. Tosca.

VOCE DI TOSCA *(chiamando ripetutamente, stizzita).*
Mario!

CAVARADOSSI *(apre fingendosi calmo).*
Son qui!

TOSCA *(entra con una specie di violenza, allontana bruscamente Mario che vuole abbracciarla e guarda sospettosa intorno a sé).*
Perché chiuso?

CAVARADOSSI *(con simulata indifferenza).*
Lo vuole il Sagrestano.

TOSCA. A chi parlavi?

CAVARADOSSI. A te!

(Bei Toscas Ruf gibt Cavaradossi Angelotti einen raschen Wink zu schweigen.)

CAVARADOSSI.
Versteckt Euch! Es ist eine Frau ... eine eifersüchtige. Einen kurzen Augenblick, dann schicke ich sie fort.

TOSCAS STIMME. Mario!

CAVARADOSSI *(zur Tür, woher Toscas Stimme kommt).*
Ich komme schon!

ANGELOTTI *(von einem Schwächeanfall erfaßt, lehnt sich gegen das Gerüst).*
Ich bin am Ende meiner Kräfte, ich kann nicht mehr.

CAVARADOSSI *(stürzt auf das Gerüst, kommt mit dem Eßkorb wieder herunter und gibt ihn Angelotti).*
In diesem Korb habt Ihr Essen und Wein.

ANGELOTTI. Danke!

CAVARADOSSI *(ermutigt Angelotti und drängt ihn zur Kapelle).*
Schnell!
(Angelotti geht in die Kapelle.)

Cavaradossi. Tosca.

TOSCAS STIMME *(ruft mehrfach, gereizt).*
Mario!

CAVARADOSSI *(öffnet mit gespielter Ruhe).*
Hier bin ich!

TOSCA *(tritt mit einer gewissen Heftigkeit ein, stößt Mario, der sie umarmen will, schroff zurück und sieht sich mißtrauisch um).*
Warum eingeschlossen?

CAVARADOSSI *(mit gespielter Gleichgültigkeit).*
So will's der Mesner.

TOSCA. Mit wem sprachst du?

CAVARADOSSI. Mit dir!

TOSCA. Altre parole bisbigliavi. Ov'è? ...
CAVARADOSSI. Chi?
TOSCA. Colei! ... quella donna! ...
Ho udito i lesti
passi e un fruscìo di vesti.
CAVARADOSSI. Sogni!
TOSCA. Lo neghi?
CAVARADOSSI *(con passione).*
Lo nego e t'amo!
(Tenta di baciarla.)
TOSCA *(con dolce rimprovero).*
Oh! innanzi la Madonna ...
No, Mario mio,
lascia pria che la preghi, che l'infiori ...
(Si avvicina alla statua della Madonna, dispone con arte, intorno ad essa, i fiori che ha portato con sé, si inginocchia a prega con molta devozione, poi segnandosi, s'alza. – A Cavaradossi, che si è avviato per riprendere il lavoro.)
Ora stammi a sentir: stassera canto,
ma è spettacolo breve. Tu mi aspetti
sull'uscio della scena
e alla villa ne andiam soli e soletti.
CAVARADOSSI *(che fu sempre sopra pensiero).*
Stassera?!
TOSCA.
È luna piena
e il notturno effluvio floreal
inebria il cor. Non sei contento?
(Si siede sulla gradinata presso a Cavaradossi.)
CAVARADOSSI *(distratto).*
Tanto!
TOSCA *(colpita da quell'accento freddo).*
Tornalo a dir!
CAVARADOSSI. Tanto!
TOSCA *(stizzita).*
Lo dici male:

TOSCA. Du hast noch etwas geflüstert. Wo ist sie? ...
CAVARADOSSI. Wer?
TOSCA. Sie! ... Diese Frau! ...
Ich hörte rasche Schritte
und ein Rascheln von Kleidern.
CAVARADOSSI. Du träumst!
TOSCA. Du leugnest?
CAVARADOSSI *(leidenschaftlich).*
Ich leugne, und ich liebe dich!
(Will sie küssen.)
TOSCA *(mit sanftem Vorwurf).*
Oh! im Angesicht der Madonna ...
Nein, mein Mario,
laß mich erst zu ihr beten, sie mit Blumen schmücken ...
(Geht zu der Madonnenstatue, breitet kunstvoll die Blumen vor ihr aus, die sie mitgebracht hat, kniet nieder und betet mit tiefer Andacht, bekreuzigt sich dann und steht auf. – Zu Cavaradossi, der wieder an die Arbeit gegangen ist.)
Nun hör mir zu: heut abend singe ich,
aber es ist eine kurze Aufführung. Warte du auf mich
am Bühnenausgang,
dann gehn wir zur Villa, ganz allein.
CAVARADOSSI *(in Gedanken versunken).*
Heut abend?!
TOSCA.
Es ist Vollmond,
und der nächtliche Blütenduft
berauscht das Herz. Freust du dich nicht?
(Setzt sich auf die Stufen neben Cavaradossi.)
CAVARADOSSI *(zerstreut).*
Sehr!
TOSCA *(betroffen von seinem kalten Tonfall).*
Sag das noch einmal!
CAVARADOSSI. Sehr!
TOSCA *(gereizt).*
Das klingt so häßlich:

non la sospiri la nostra casetta
che tutta ascosa nel verde ci aspetta?
nido a noi sacro, ignoto al mondo inter,
pien d'amore e di mister?
Al tuo fianco sentire
per le silenzïose
stellate ombre, salire
le voci delle cose!
Dai boschi, e dai roveti,
dall'arse erbe, dall'imo
dei franti sepolcreti
odorosi di timo,
la notte escon bisbigli
di minuscoli amori
(con intenzione)
e perfidi consigli
che ammolliscono i cuori.
Fiorite, o campi immensi; palpitate,
auree marine, nel lunare albor;
ah, piovete voluttà, volte stellate!
(Con abbandono.)
Arde a Tosca nel sangue il folle amor!

CAVARADOSSI *(vinto, ma vigilante).*
Ah! M'avvinci ne' tuoi lacci! ...
Mia sirena, verrò!

TOSCA. O mio amore!
(Reclina la testa sulla spalla di Cavaradossi che quasi subito si allontana un poco guardando verso la parte donde uscì Angelotti.)

CAVARADOSSI. Or lasciami al lavoro.

TOSCA *(sorpresa).*
Mi discacci?

CAVARADOSSI. Urge l'opra, lo sai!

TOSCA *(stizzita, alzandosi).*
Vado!
(S'allontana un poco da Cavaradossi, poi, voltandosi per

Sehnst du dich nicht nach unserm Häuschen,
das ganz versteckt im Grünen uns erwartet?
Nach unserm Nest, uns heilig, aller Welt verborgen,
erfüllt von Liebe und Geheimnis?
An deiner Seite will ich lauschen,
wie im schweigenden,
sternenglänzenden Dunkel die Stimmen
der Natur aufsteigen!
Aus den Wäldern und den Büschen,
aus verdorrten, verbrannten Kräutern, aus der Tiefe
verfallener Grabmäler,
die nach Thymian duften,
dringen nachts das Flüstern
kleiner Liebesgötter
(anzüglich)
und listige Ratschläge,
die die Herzen erweichen.
Erblüht, ihr weiten Felder; weht,
ihr Meereslüfte, im Schein des Mondes;
ah, regnet Liebeslust, ihr gestirnten Gewölbe!
(Mit Hingabe.)
Toscas Blut glüht in wahnsinniger Liebe!

CAVARADOSSI *(hingerissen, aber wachsam).*
Ah! Du fängst mich in deinen Schlingen! ...
Meine Sirene, ich komme!

TOSCA. O mein Geliebter!
(Lehnt ihren Kopf an Cavaradossis Schulter, der sich fast augenblicklich von ihr löst und in die Richtung blickt, in der Angelotti verschwunden ist.)

CAVARADOSSI. Nun laß mich an die Arbeit.

TOSCA *(überrascht).*
Du schickst mich fort?

CAVARADOSSI. Die Arbeit drängt, du weißt!

TOSCA *(steht auf, gekränkt).*
Ich gehe!
(Entfernt sich ein wenig von Cavaradossi, dreht sich dann

guardarlo, vede il quadro, ed agitatissima ritorna presso Cavaradossi.)
Chi è quella donna bionda lassù?

CAVARADOSSI *(calmo).*
La Maddalena, ti piace?

TOSCA. È troppo bella!

CAVARADOSSI *(ridendo ed inchinandosi).*
Prezioso elogio.

TOSCA *(sospettosa).*
Ridi?
Quegli occhi cilestrini già li vidi ...

CAVARADOSSI *(con indifferenza).*
Ce n'è tanti pel mondo!

TOSCA *(cercando ricordare).*
Aspetta ... Aspetta ...
(Sale sull'impalcato, poi trionfante.)
È l'Attavanti!

CAVARADOSSI *(ridendo).*
Brava!

TOSCA *(vinta dalla gelosia).*
La vedi? Ti ama? Tu l'ami? Quei passi,
e quel bisbiglio ... Ah! Qui stava
pur ora! Ah, la civetta!
(Minacciosa.)
A me!

CAVARADOSSI *(serio).*
La vidi ieri, ma fu puro
caso. A pregar qui venne ...
non visto la ritrassi.

TOSCA. Giura!

CAVARADOSSI *(serio).*
Giuro!

TOSCA *(sempre con gli occhi rivolti al quadro).*
Come mi guarda fiso!

CAVARADOSSI. Vien via ...

TOSCA *(discende all'indietro tenendo alte le sue mani in*

nach ihm um, bemerkt das Gemälde und geht in höchster Erregung wieder zu Cavaradossi zurück.)
Wer ist die blonde Frau dort oben?
CAVARADOSSI *(ruhig).*
Magdalena, gefällt sie dir?
TOSCA. Sie ist zu schön!
CAVARADOSSI *(verbeugt sich lachend).*
Ein seltenes Lob.
TOSCA *(mißtrauisch).*
Du lachst?
Diese himmelblauen Augen sah ich schon einmal.
CAVARADOSSI *(gleichgültig).*
Davon gibt's viele auf dieser Welt!
TOSCA *(sucht sich zu erinnern).*
Warte ... Warte ...
(Steigt auf das Gerüst, dann triumphierend.)
Es ist die Attavanti!
CAVARADOSSI *(lachend).*
Bravo!
TOSCA *(überwältigt von Eifersucht).*
Siehst du sie? Liebt sie dich? Liebst du sie? Diese Schritte
und dieses Flüstern ... Ah! Sie war
noch eben hier! Ah, diese Kokotte!
(Drohend.)
Das mir!
CAVARADOSSI *(ernst).*
Ich sah sie gestern, aber es war reiner
Zufall. Zum Beten kam sie her ...
Heimlich hab ich sie gemalt.
TOSCA. Schwöre!
CAVARADOSSI *(ernst).*
Ich schwöre!
TOSCA *(noch immer die Augen auf das Bild gerichtet).*
Wie sie mich anstarrt!
CAVARADOSSI. Komm doch ...
TOSCA *(steigt rückwärts die Leiter hinab, hält die Hände*

quelle di Cavaradossi senza cessare di guardare il quadro).
Di me, beffarda, ride.

CAVARADOSSI *(spinge dolcemente Tosca a scendere la gradinata).*
Follia!

TOSCA *(con dolce rimprovero).*
Ah, quegli occhi ... quegli occhi! ...

CAVARADOSSI *(tiene Tosca affettuosamente presso di sé, fissandola negli occhi).*
Qual occhio al mondo può star di paro
all'ardente occhio tuo nero?
È qui che l'esser mio s'affisa intero.
Occhio all'amor soave, all'ira fiero,
qual altro al mondo può star di paro
all'occhio tuo nero?

TOSCA *(rapita, appoggiando la testa alla spalla di Cavaradossi).*
Oh, come la sai bene
l'arte di farti amare! ...
(Maliziosamente.)
Ma ... falle gli occhi neri!

CAVARADOSSI *(teneramente).*
Mia gelosa!

TOSCA. Sì, lo sento ... ti tormento
senza posa.

CAVARADOSSI. Mia gelosa!

TOSCA. Certa sono – del perdono
se tu guardi al mio dolor!

CAVARADOSSI. Tosca idolatrata,
ogni cosa in te mi piace;
l'ira audace
e lo spasimo d'amor!

TOSCA. Dilla ancora
la parola – che consola ...
dilla ancora!

hoch in denen Cavaradossis, ohne das Bild aus den Augen zu lassen).
Sie verlacht mich höhnisch.

CAVARADOSSI *(nötigt Tosca sanft, die Leiter hinabzusteigen).*
Unsinn!

TOSCA *(mit leisem Vorwurf).*
Ah, diese Augen ... diese Augen! ...

CAVARADOSSI *(zieht Tosca leidenschaftlich an sich und blickt ihr in die Augen).*
Welche Augen auf der Welt gleichen
deinen glühenden schwarzen Augen?
In ihnen ruht mein ganzes Wesen.
Augen, in der Liebe sanft, im Zorn wild,
welche andern Augen auf der Welt gleichen
deinen schwarzen Augen?

TOSCA *(verzückt, den Kopf an Cavaradossis Schulter lehnend).*
Oh, wie gut verstehst du
die Kunst, Liebe zu erwecken! ...
(Boshaft.)
Aber ... mal ihr schwarze Augen!

CAVARADOSSI *(zärtlich).*
So eifersüchtig!

TOSCA. Ja, ich fühle es ... ich quäl dich
unablässig!

CAVARADOSSI. So eifersüchtig!

TOSCA. Ich bin sicher – du verzeihst,
wenn du meinen Schmerz siehst!

CAVARADOSSI. Tosca, Angebetete,
alles an dir gefällt mir;
der wilde Zorn
und die Qualen der Liebe!

TOSCA. Sag es noch einmal,
das Wort – es tröstet mich ...
sag es noch einmal!

CAVARADOSSI. Mia vita, amante inquieta,
dirò sempre: »Floria, t'amo!«
Ah, l'alma acquieta,
sempre »T'amo« ti dirò.
TOSCA *(sciogliendosi da Cavaradossi).*
Dio! Quante peccata!
M'hai tutta spettinata.
CAVARADOSSI. Or va, lasciami!
TOSCA. Tu fino a stassera
stai fermo al lavoro. E mi prometti,
sia caso o fortuna,
sia treccia bionda o bruna,
a pregar non verrà donna nessuna?
CAVARADOSSI. Lo giuro, amore! ... Va!
TOSCA. Quanto m'affretti!
CAVARADOSSI *(con dolce rimprovero).*
Ancora?
TOSCA *(cadendo nelle sue braccia e porgendogli la guancia).*
No, perdona!
CAVARADOSSI *(scherzoso).*
Davanti la Madonna?
TOSCA *(accennando alla Madonna).*
È tanto buona!
(Si baciano; avviandosi ad uscire e guardando ancora il quadro, Tosca maliziosamente gli dice.)
Ma falle gli occhi neri!
(Fugge rapidamente. Cavaradossi rimane commosso e pensieroso.)

Cavaradossi. Angelotti.

Cavaradossi, rammentandosi di Angelotti, sta ascoltando se Tosca s'è allontanata, – socchiude la porticina e guarda fuori; visto tutto tranquillo corre alla Cappella; Angelotti appare

CAVARADOSSI. Mein Alles, meine unruhige Geliebte,
immer werd ich sagen: »Floria, ich liebe dich!«
Ach, beruhige dich,
immer werd ich dir sagen: »Ich liebe dich!«

TOSCA *(löst sich von Cavaradossi).*
Gott! Welch eine Sünde!
Du hast mich ganz zerzaust.

CAVARADOSSI. Nun geh, laß mich!

TOSCA. Du bleibst bis zum Abend
brav bei deiner Arbeit. Und versprichst mir,
ob durch Zufall oder Schicksal,
ob blond oder braun gelockt,
daß keine Frau mehr zum Gebet erscheint?

CAVARADOSSI. Ich schwör's, Geliebte! ... Geh!

TOSCA. Wie du mich drängst!

CAVARADOSSI *(mit sanftem Vorwurf).*
Schon wieder?

TOSCA *(fällt ihm in die Arme und bietet ihm die Wange zum Kuß).*
Nein, verzeih!

CAVARADOSSI *(scherzhaft).*
Vor der Madonna?

TOSCA *(auf die Madonna zeigend).*
Sie ist so gütig!
(Sie küssen sich; im Weggehen dreht sich Tosca noch einmal nach dem Bild um und sagt boshaft.)
Aber mal ihr schwarze Augen!
(Sie verschwindet rasch. Cavaradossi bleibt bewegt und nachdenklich zurück.)

Cavaradossi. Angelotti.

Cavaradossi erinnert sich Angelottis, horcht, ob Tosca sich entfernt hat – er öffnet die Tür einen Spalt breit und sieht hinaus; da er alles ruhig findet, läuft er zur Kapelle; Ange-

dietro la cancellata – Cavaradossi apre la cancellata ad Angelotti e si stringono affettuosamente la mano.

CAVARADOSSI *(ad Angelotti, che naturalmente ha dovuto udire il dialogo precedente).*
È buona la mia Tosca, ma credente
al confessor nulla tiene celato,
ond'io mi tacqui. È cosa più prudente.
ANGELOTTI. Siam soli?
CAVARADOSSI. Sì. Qual'è vostro disegno?
ANGELOTTI.
A norma degli eventi, uscir di Stato
o star celato in Roma. Mia sorella ...
CAVARADOSSI. L'Attavanti?
ANGELOTTI. Sì ... ascose un muliebre
abbigliamento là sotto l'altare ...
vesti, velo, ventaglio.
(Si guarda intorno con paura.)
Appena imbruni
indosserò quei panni ...
CAVARADOSSI. Or comprendo!
Quel fare circospetto
e il pregante fervore
in giovin donna e bella
m'avean messo in sospetto
di qualche occulto amore! ...
Or comprendo!
Era amor di sorella!
ANGELOTTI. Tutto ella ha osato
onde sottrarmi a Scarpia scellerato!
CAVARADOSSI. Scarpia?! Bigotto satiro che affina
colle devote pratiche la foia
libertina – e strumento
al lascivo talento
(con forza crescente)
fa il confessore e il boia!

lotti erscheint hinter dem Gitter – Cavaradossi öffnet ihm das Gitter, und beide drücken einander herzlich die Hände.

CAVARADOSSI *(zu Angelotti, der natürlich das vorige Gespräch hören mußte).*
Meine Tosca ist lieb, aber gläubig,
und verschweigt dem Beichtvater nichts,
deshalb hab ich geschwiegen. Es ist klüger so.
ANGELOTTI. Sind wir allein?
CAVARADOSSI. Ja. Was habt Ihr vor?
ANGELOTTI.
Je nach Lage der Dinge aus dem Staat fliehen
oder mich in Rom verborgen halten. Meine Schwester ...
CAVARADOSSI. Die Attavanti?
ANGELOTTI. Ja ... hat Frauenkleider
da unter dem Altar versteckt ...
Kleider, Schleier, einen Fächer.
(Sieht sich ängstlich um.)
Sobald es dunkelt,
zieh ich die Sachen an ...
CAVARADOSSI. Nun versteh ich!
Das vorsichtige Gebaren
und das inbrünstige Beten
dieser jungen, schönen Frau
hatten mich eine geheime
Liebschaft vermuten lassen! ...
Nun versteh ich!
Es war schwesterliche Liebe!
ANGELOTTI. Alles hat sie gewagt,
mich dem verdammten Scarpia zu entreißen!
CAVARADOSSI. Scarpia?! Ein bigotter Wüstling,
der hinter frömmelndem Gebaren
seine Lüsternheit stachelt –
und seine Geilheit
(immer lauter)
mittels Beichtvaters und Henkers stillt!

La vita mi costasse, vi salverò!
Ma indugiar fino a notte è mal sicuro.
ANGELOTTI. Temo del sole!
CAVARADOSSI *(indicando).*
La Cappella mette
a un orto mal chiuso, poi c'è un canneto
che va lungi pei campi a una mia villa.
ANGELOTTI. M'è nota.
CAVARADOSSI. Ecco la chiave; innanzi sera
io vi raggiungo; portate con voi
le vesti femminili.
ANGELOTTI *(va a prendere le vesti nascoste da sua sorella).*
Ch'io le indossi?
CAVARADOSSI. Per or non monta, il sentiero è deserto.
ANGELOTTI *(per uscire).*
Addio!
CAVARADOSSI *(accorrendo ancora verso Angelotti.)*
Se urgesse il periglio, correte
al pozzo del giardin. L'acqua è nel fondo,
ma a mezzo della canna un picciol varco
guida ad un antro oscuro,
rifugio impenetrabile e sicuro!
(Un colpo di cannone: i due si guardano agitatissimi.)
ANGELOTTI. Il cannon del castello!
CAVARADOSSI. Fu scoperta
la fuga! Or Scarpia i suoi sbirri sguinzaglia!
ANGELOTTI. Addio!
CAVARADOSSI *(risoluto).*
Con voi verrò. Staremo all'erta!
ANGELOTTI. Odo qualcun!
CAVARADOSSI *(con entusiasmo).*
Se ci assalgon, battaglia!
(Partono rapidamente dalla Cappella.)

Koste es auch mein Leben, ich rette Euch!
Aber bis zur Nacht zu zögern ist unvorsichtig.

ANGELOTTI. Ich fürchte das Tageslicht!

CAVARADOSSI *(hindeutend).*
Die Kapelle stößt
an einen offenen Garten, dahinter ist ein Schilfweg,
der weit durch die Felder zu meiner Villa führt.

ANGELOTTI. Die ich kenne.

CAVARADOSSI. Hier, der Schlüssel; noch vor dem Abend
bin ich bei Euch; nehmt
die Frauenkleider mit.

ANGELOTTI *(holt die von seiner Schwester versteckten Kleider).*
Soll ich sie anziehen?

CAVARADOSSI. Das ist jetzt nicht nötig, der Pfad ist einsam.

ANGELOTTI *(will gehen).*
Lebt wohl!

CAVARADOSSI *(läuft Angelotti noch nach).*
Wenn Gefahr droht, lauft
zum Brunnen in den Garten. Unten ist Wasser,
aber mitten im Schacht führt eine kleine Öffnung
in eine dunkle Höhle,
ein unauffindbares und sicheres Versteck!
(Ein Kanonenschuß: die beiden sehen einander betroffen an.)

ANGELOTTI. Die Kanone der Engelsburg!

CAVARADOSSI. Die Flucht ist entdeckt!
Nun läßt Scarpia seine Geheimpolizei los!

ANGELOTTI. Lebt wohl!

CAVARADOSSI *(entschlossen).*
Ich komme mit Euch. Wir müssen aufpassen!

ANGELOTTI. Ich höre jemanden!

CAVARADOSSI *(begeistert).*
Wenn sie uns angreifen, wir kämpfen!
(Beide rasch aus der Kapelle ab.)

Sagrestano. Allievi e Cantori della Cappella. Chierici. Confratelli.

SAGRESTANO *(entra correndo, tutto scalmanato, gridando).*
Sommo giubilo, Eccellenza! . . .
(Non vedendo neppure questa volta il pittore sull'impalcato rimane molto sorpreso.)
Non c'è più! ne son dolente!
Chi contrista un miscredente
si guadagna un'indulgenza!
Tutta qui la cantoria!
Presto! . . .
(Accorrono da ogni parte chierici, confratelli, allievi, cantori della Cappella. Tutti costoro entrano tumultuosamente.)

ALLIEVI *(colla massima confusione).*
Dove?

SAGRESTANO *(spingendoli verso la sagrestia).*
In sagrestia.

ALCUNI ALLIEVI. Ma che avvenne?

SAGRESTANO. Nol sapete?
Bonaparte . . . scellerato . . .
(affannoso)
Bonaparte . . .

ALTRI ALLIEVI *(si avvicinano al Sagrestano e lo attorniano, mentre accorrono altri che si uniscono ai primi).*
Ebben? Che fu?

SAGRESTANO. Fu spennato, sfracellato
e piombato a Belzebù!

ALLIEVI, CANTORI, ecc.
Chi lo dice?
– È sogno!
– È fola!

SAGRESTANO. È veridica parola!
or ne giunse la notizia!

Der Mesner. Chorschüler und Kapellsänger. Geistliche. Ordensbrüder.

MESNER *(stürzt ganz erhitzt herein, ruft laut).*
Größter Jubel, Euer Gnaden! ...
(Als er den Maler wieder nicht auf dem Gerüst findet, bleibt er sehr überrascht stehen.)
Nicht mehr da! Jammerschade!
Wer einen Ketzer peinigt,
sich von einer Sünde reinigt!
Hierher die ganze Kantorei!
Schnell! ...
(Von allen Seiten eilen Geistliche, Ordensbrüder, Chorschüler und Kapellsänger herbei. Sie alle treten lärmend ein.)

CHORSCHÜLER *(in höchstem Durcheinander).*
Wohin?

MESNER *(drängt sie nach der Sakristei).*
In die Sakristei.

EINIGE SCHÜLER. Aber was ist passiert?

MESNER. Wißt ihr nicht?
Bonaparte ... der Schurke ...
(atemlos)
Bonaparte ...

ANDERE SCHÜLER *(nähern sich dem Mesner und umringen ihn, während weitere hereindrängen, um sich mit ihnen zu vereinigen).*
Nun? Was war?

MESNER. Aufgerieben, geschlagen
und zum Teufel gejagt!

SCHÜLER, SÄNGER USW.
Wer sagt das?
– Ein Traum!
– Ein Märchen!

MESNER. Es ist die reine Wahrheit!
Eben traf die Nachricht ein!

E questa sera
gran fiaccolata,
veglia di gala a Palazzo Farnese,
ed un'apposita
nuova cantata
con Floria Tosca!
E nelle chiese
inni al Signor!
Or via a vestirvi,
non più clamor!

TUTTI *(ridendo e gridando gioiosamente, senza badare al Sagrestano che inutilmente li spinge ad urtoni verso la sagrestia).*
Doppio soldo ... ›Te Deum‹ ... ›Gloria‹!
Viva il Re! ... Si festeggi la vittoria!

Scarpia. Sagrestano. Cantori, Allievi, ecc.; Spoletta. Birri.

Scarpia appare improvvisamente dalla porticina. Alla vista di Scarpia tutti si arrestano allibiti come per incanto. Dietro a Scarpia, Spoletta e alcuni birri.

SCARPIA *(con grande autorità).*
Un tal baccan in chiesa! Bel rispetto!

SAGRESTANO *(balbettando impaurito).*
Eccellenza, il gran giubilo ...

SCARPIA. Apprestate per il ›Te Deum‹.
(Mogi mogi tutti si allontanano: anche il Sagrestano fa per cavarsela, ma Scarpia bruscamente lo trattiene.)
Tu resta!

SAGRESTANO *(impaurito, sommessamente).*
Non mi muovo!

SCARPIA *(a Spoletta).*
E tu va, fruga ogni angolo, raccogli
ogni traccia!

Und heut abend
ein großer Fackelzug,
eine festliche Gesellschaft im Palazzo Farnese
und eine eigens geschriebene
neue Kantate
mit Floria Tosca!
Und in den Kirchen
Lobpreisungen des Herrn!
Nun geht euch anziehen,
kein Geschrei mehr!

ALLE *(unter fröhlichem Gelächter und Geschrei, ohne auf den Mesner zu achten, der sie vergebens heftig zur Sakristei drängt).*
Doppelter Lohn ... ›Te Deum‹ ... ›Gloria‹!
Es lebe der König! ... Feiern wir den Sieg!

Scarpia. Der Mesner. Sänger, Schüler usw.; Spoletta. Geheimpolizei.

Scarpia erscheint unerwartet in der Tür. Bei seinem Anblick halten alle wie auf einen Schlag bestürzt inne. Hinter Scarpia stehen Spoletta und einige Geheimpolizisten.

SCARPIA *(mit großer Autorität).*
Solch ein Aufruhr in der Kirche! Schöner Respekt!

MESNER *(ängstlich stotternd).*
Euer Gnaden, der große Jubel ...

SCARPIA. Beeilt euch für das Tedeum.
(Betreten entfernen sich alle: auch der Mesner will davonschleichen, aber Scarpia hält ihn heftig zurück.)
Du bleibst!

MESNER *(eingeschüchtert, unterwürfig).*
Ich mache keinen Schritt!

SCARPIA *(zu Spoletta).*
Und du, geh, durchsuche jeden Winkel, verfolge
jede Spur!

SPOLETTA. Sta bene!
(Fa cenno a due birri di seguirlo.)
SCARPIA *(ad altri birri, che eseguiscono).*
Occhio alle porte,
senza dar sospetti!
(Al Sagrestano.)
Ora a te. Pesa
le tue risposte. Un prigionier di Stato
fuggì pur ora da Castel Sant'Angelo ...
(energico)
s'è rifugiato qui.
SAGRESTANO. Misericordia!
SCARPIA. Forse c'è ancora. Dov'è la Cappella
degli Attavanti?
SAGRESTANO. Eccola!
(Va al cancello e lo trova socchiuso.)
Aperta! Arcangeli!
E ... un'altra chiave!
SCARPIA. Buon indizio. Entriamo.
(Entrano nella Cappella, poi ritornano: Scarpia, assai contrariato, ha tra le mani un ventaglio chiuso che agita nervosamente.)
Fu grave sbaglio
quel colpo di cannone. Il mariolo
spiccato ha il volo, ma lasciò una preda ...
preziosa: un ventaglio.
(Agitandolo in aria.)
Qual complice il misfatto
preparò!
(Resta pensieroso, poi guarda attentamente il ventaglio: a un tratto egli vi scorge uno stemma e vivamente esclama.)
La marchesa
Attavanti! ... Il suo stemma ...
(Guarda intorno, scrutando ogni angolo della chiesa: i suoi occhi si arrestano sull'impalcato, sugli arnesi del pit-

SPOLETTA. Jawohl!
(Gibt zwei Geheimpolizisten ein Zeichen, ihm zu folgen.)
SCARPIA *(zu den anderen Geheimpolizisten, die gehorchen).*
Beobachtet die Türen,
aber ohne Aufsehen!
(Zum Mesner.)
Nun zu dir. Wäge
deine Worte. Ein Staatsgefangener
entfloh soeben aus der Engelsburg ...
(energisch)
er ist hierher geflüchtet.
MESNER. Barmherziger Himmel!
SCARPIA. Vielleicht ist er noch hier. Wo ist die Kapelle
der Attavanti?
MESNER. Dort!
(Geht zum Gitter und findet es angelehnt.)
Geöffnet! Bei den Erzengeln!
Und ... ein zweiter Schlüssel!
SCARPIA. Ein gutes Zeichen. Treten wir ein.
(Sie gehen in die Kapelle, kommen dann wieder heraus: Scarpia, sehr enttäuscht, hält in den Händen einen geschlossenen Fächer, den er nervös bewegt.)
Ein grober Fehler
war dieser Kanonenschuß. Der Spitzbube
ist ausgeflogen, aber er hinterließ ein Beutestück ...
ein wertvolles: einen Fächer.
(Bewegt ihn hin und her.)
Welcher Komplize hat die Untat
vorbereitet?
(Er bleibt nachdenklich stehen, dann betrachtet er aufmerksam den Fächer: plötzlich entdeckt er darauf ein Wappen und ruft lebhaft aus.)
Die Marchesa
Attavanti! ... Ihr Wappen ...
(Er blickt umher, untersucht jeden Winkel der Kirche: sein Blick fällt auf das Gerüst, das Malgerät, das Bild ...

tore, sul quadro . . . e il noto viso dell'Attavanti gli appare riprodotto nel volto della santa.)
Il suo ritratto!
(Al Sagrestano.)
Chi fe' quelle pitture?

SAGRESTANO *(ancora più invaso dalla paura).*
Il cavalier Cavaradossi.

SCARPIA. Lui!

SAGRESTANO *(scorgendo un birro che esce dalla Cappella con il paniere in mano).*
Numi! Il paniere!

SCARPIA *(seguitando le sue riflessioni).*
Lui! L'amante di Tosca! Un uom sospetto!
Un volterrian!

SAGRESTANO *(che avrà esaminato il paniere, con gran sorpresa esclama).*
Vuoto? Vuoto!

SCARPIA. Che hai detto?
(Vede il birro col paniere.)
Che fu?

SAGRESTANO *(prendendo al birro il paniere).*
Si ritrovò nella Cappella
questo panier.

SCARPIA. Tu lo conosci?

SAGRESTANO. Certo!
(Balbettando pauroso.)
È il cesto del pittor . . . ma . . . nondimeno . . .

SCARPIA. Sputa quello che sai.

SAGRESTANO *(sempre più impaurito e quasi piangendo gli mostra il paniere vuoto).*
Io lo lasciai ripieno
di cibo prelibato . . .
il pranzo del pittore! . . .

SCARPIA *(con intenzione, inquirendo per scoprir terreno).*
Avrà pranzato!

und das bekannte Gesicht der Attavanti scheint ihm in dem der Heiligen abgebildet.)
Ihr Porträt!
(Zum Mesner.)
Wer hat das gemalt?
MESNER *(noch furchtsamer).*
Der Cavaliere Cavaradossi.
SCARPIA. Der!
MESNER *(bemerkt einen Geheimpolizisten, der mit dem Korb in der Hand aus der Kapelle kommt).*
Gott! Der Eßkorb!
SCARPIA *(setzt seine Überlegungen fort).*
Der! Toscas Geliebter! Ein Verdächtiger!
Ein Voltairianer!
MESNER *(hat den Korb untersucht, ruft sehr überrascht aus).*
Leer? Leer!
SCARPIA. Was hast du gesagt?
(Erblickt den Geheimpolizisten mit dem Korb.)
Was ist?
MESNER *(nimmt dem Geheimpolizisten den Korb ab).*
Man hat in der Kapelle
diesen Korb gefunden.
SCARPIA. Du kennst ihn?
MESNER. Sicher!
(Ängstlich stammelnd.)
Es ist der Korb des Malers ... aber ...
nichtsdestoweniger ...
SCARPIA. Sag, was du weißt.
MESNER *(immer furchtsamer und fast weinend zeigt er ihm den leeren Korb).*
Ich ließ ihn hier, gefüllt
mit Delikatessen ...
das Essen des Malers! ...
SCARPIA *(suggestiv, im Tone des Untersuchungsrichters).*
Er wird's gegessen haben!

SAGRESTANO *(facendo cenno di no colla mano).*
Nella Cappella? No ne avea la chiave,
né contava pranzar ... disse egli stesso.
Ond'io l'avea già messo
al riparo.
(Mostra dove avea riposto il paniere e ve lo lascia. – Impressionato dal severo e silente contegno di Scarpia, fra sé.)
Libera me, Domine!

SCARPIA *(fra sé).*
Or tutto è chiaro ...
la provvista – del sacrista
d'Angelotti fu la preda!
(Tosca entra, ed è nervosissima: va dritta all'impalcato, ma non trovandovi Cavaradossi, sempre in grande agitazione va a cercarlo nella navata centrale della chiesa. Scarpia, appena vista entrare Tosca, si è abilmente nascosto dietro la colonna ov'è la pila dell'acqua benedetta, facendo imperioso cenno di rimanere al Sagrestano, il quale, tremante, imbarazzato, si reca vicino al palco del pittore.)
Tosca? che non mi veda.
Per ridurre un geloso allo sbaraglio
Jago ebbe un fazzoletto, ed io un ventaglio!

Tosca. Scarpia. Sagrestano.

TOSCA *(ritorna presso l'impalcatura chiamando con impazienza ad alta voce).*
Mario?! Mario?!

SAGRESTANO *(avvicinandosi a Tosca).*
Il pittor
Cavaradossi?
Chi sa dove sia?

MESNER *(winkt ab).*
In der Kapelle? Er hatte keinen Schlüssel
und wollte auch nichts essen ... sagte er selbst.
Deshalb hatte ich ihn schon
beiseite gestellt.
(Zeigt, wohin er den Korb gestellt hatte, und läßt ihn dort. – Beunruhigt von Scarpias strengem, finsteren Schweigen, für sich.)
Libera me, domine!

SCARPIA *(für sich).*
Jetzt ist alles klar ...
das Essen – des Mesners
wurde Angelottis Beute!
(Tosca tritt ein, sehr nervös. Sie geht geradewegs auf das Gerüst zu, da sie dort aber Cavaradossi nicht findet, sucht sie ihn in großer Unruhe im Mittelschiff der Kirche. Scarpia hat Tosca kaum eintreten sehen, als er sich geschickt hinter der Säule mit dem Weihwasserbecken versteckt, wobei er dem Mesner, der sich eingeschüchtert und zitternd in der Nähe des Malgerüsts aufhält, gebieterisch zu bleiben winkt.)
Tosca? Sie soll mich nicht sehen.
Um einen Eifersüchtigen ins Verderben zu stürzen,
hatte Jago ein Taschentuch, und ich einen Fächer!

Tosca. Scarpia. Mesner.

TOSCA *(kehrt zum Gerüst zurück, ruft ungeduldig mit erhobener Stimme.)*
Mario?! Mario?!

MESNER *(nähert sich Tosca).*
Der Maler
Cavaradossi?
Wer weiß, wo er ist?

Svanì, sgattaiolò
per sua stregoneria.
(Se la svigna.)

TOSCA. Ingannata? No ... no ...
(quasi piangendo)
tradirmi egli non può.

SCARPIA *(a Tosca, insinuante e gentile).*
Tosca divina,
la mano mia
la vostra aspetta – piccola manina,
non per galanteria,
ma per offrirvi l'acqua benedetta.

TOSCA *(tocca le dita di Scarpia e si fa il segno della croce).*
Grazie, signor!

SCARPIA. Un nobile
esempio il vostro: al cielo,
piena di santo zelo,
attingete dell'arte il magistero
che la fede ravviva!

TOSCA *(distratta e pensosa).*
Bontà vostra.
(Cominciano ad entrare in chiesa ed a recarsi verso il fondo alcuni popolani.)

SCARPIA. Le pie donne son rare ...
Voi calcate la scena ...
(con intenzione)
e in chiesa ci venite per pregare.

TOSCA *(sorpresa).*
Che intendete?

SCARPIA. E non fate
come certe sfrontate
che han di Maddalena
(indica il ritratto)
viso e costumi ...
(con intenzione marcata)
e vi trescan d'amore.

Er verschwand, entschlüpfte
dank seiner Hexerei.
(Entfernt sich).

TOSCA. Betrogen? Nein ... nein ...
(fast weinend)
betrügen kann er mich nicht.

SCARPIA *(zu Tosca, einschmeichelnd und höflich).*
Göttliche Tosca,
meine Hand
erwartet Eure – Euer kleines Händchen,
nicht aus Galanterie,
sondern um Euch Weihwasser zu spenden.

TOSCA *(berührt Scarpias Finger und bekreuzigt sich).*
Danke, mein Herr!

SCARPIA. Ein edles
Beispiel gebt Ihr: vom Himmel,
mit frommem Eifer,
erlangt Ihr die Meisterschaft in der Kunst,
die den Glauben stärkt!

TOSCA *(zerstreut und besorgt).*
Zu gütig.
(Allmählich kommen mehrere Leute in die Kirche und begeben sich nach dem Hintergrund.)

SCARPIA. Fromme Frauen sind selten ...
Ihr steht auf der Bühne ...
(mit Nachdruck)
und kommt in die Kirche zum Beten.

TOSCA *(überrascht).*
Was meint Ihr damit?

SCARPIA. Und treibt es nicht
wie gewisse dreiste Weiber,
die der Magdalena
(auf das Gemälde zeigend)
Gesicht und Kostüm leihen ...
(mit besonderem Nachdruck)
und hier der Liebe frönen.

TOSCA *(scatta pronta).*
Che? D'amore? Le prove!
SCARPIA *(mostra il ventaglio).*
È arnese di pittore
questo?
TOSCA *(lo afferra).*
Un ventaglio? Dove stava?
(Entrano alcuni contadini.)
SCARPIA.
Là su quel palco. Qualcun venne
certo a sturbar gli amanti
ed essa nel fuggir perdé le penne!
TOSCA *(esaminando il ventaglio).*
La corona! Lo stemma! È l'Attavanti!
Presago sospetto!
SCARPIA *(da sé).*
Ho sortito l'effetto!
TOSCA *(con grande sentimento, trattenendo a stento le lacrime, dimentica del luogo e di Scarpia).*
Ed io venivo a lui tutta dogliosa
per dirgli: invan stasera il ciel s'infosca;
l'innamorata Tosca
dei regali tripudi è prigioniera! ...
SCARPIA *(da sé).*
Già il velen l'ha rosa.
(Entra un gruppo di pastori e di ciociare. – Mellifluo a Tosca.)
O che v'offende,
dolce signora?
Una ribelle
lacrima scende
sovra le belle
guancie e le irrora:
dolce signora,
che mai v'accora?

TOSCA *(ausbrechend).*
Was? Der Liebe? Die Beweise!
SCARPIA *(zeigt den Fächer).*
Ist dies hier
etwa ein Malgerät?
TOSCA *(ergreift ihn).*
Ein Fächer? Wo lag er?
(Einige Landleute treten ein.)
SCARPIA.
Da oben auf dem Gerüst. Jemand muß wohl
die Liebenden gestört haben,
und sie verlor, als sie ausflog, ihre Federn!
TOSCA *(untersucht den Fächer).*
Die Krone! Das Wappen! Es ist die Attavanti!
Ahnungsvoller Verdacht!
SCARPIA *(für sich).*
Darauf habe ich gewartet!
TOSCA *(sehr bewegt, die Tränen kaum zurückhaltend, den Ort und Scarpia vergessend).*
Und ich kam zu ihm voller Kummer,
um ihm zu sagen: umsonst verdunkelt heute abend sich der Himmel;
die verliebte Tosca
ist Gefangene der königlichen Siegesfeier! ...
SCARPIA *(für sich).*
Schon wirkt das Gift.
(Eine Gruppe von Hirten und Bäuerinnen tritt ein. – In süßlichem Ton zu Tosca.)
O was bedrückt Euch,
schöne Signora?
Eine verräterische
Träne rinnt
über die schönen
Wangen und betaut sie:
schöne Signora,
was betrübt Euch nur?

(Vari Nobili Signori accompagnano alcune donne.)

TOSCA. Nulla!

SCARPIA *(con marcata intenzione).*

Darei la vita
per asciugar quel pianto.

TOSCA *(non ascoltandolo).*

Io qui mi struggo e intanto
d'altra in braccio le mie smanie deride!

SCARPIA *(da sé).*

Morde il veleno.

TOSCA *(con grande amarezza).*

Dove son? Potessi
coglierli i traditori.
(Entrano alcuni borghesi alla spicciolata. – Sempre più crucciosa.)
Oh qual sospetto!
Ai doppi amori
è la villa ricetto.
(Con immenso dolore.)
Oh, mio bel nido insozzato di fango!
(Con pronta risoluzione.)
Vi piomberò inattesa.
(Rivolta al quadro, minacciosa.)
Tu non l'avrai stasera. Giuro!

SCARPIA *(scandolezzato, quasi rimproverandola).*

In chiesa!

TOSCA *(piangente).*

Dio mi perdona. Egli vede ch'io piango!
(Piange dirottamente. Scarpia la sorregge accompagnandola all'uscita, fingendo di rassicurarla. Appena uscita Tosca, la chiesa a poco a poco va sempre più popolandosi. Scarpia, dopo aver accompagnato Tosca, ritorna presso la colonna e fa un cenno. Subito si presenta Spoletta. La folla

(Mehrere adlige Herren in Begleitung einiger Damen treten ein.)

TOSCA. Nichts!

SCARPIA *(mit besonderem Nachdruck).*
Ich gäb mein Leben,
diese Tränen zu trocknen.

TOSCA *(ohne ihn zu hören).*
Ich quäl mich hier, und unterdessen
spottet er in den Armen einer anderen meiner Schmerzen!

SCARPIA *(für sich).*
Das Gift ätzt.

TOSCA *(mit großer Bitterkeit).*
Wo bin ich? Könnt ich
die Verräter überraschen.
(Einige Bürger treten in kleinen Gruppen auf. – Immer gequälter.)
Oh dieser Argwohn!
Die Villa birgt
eine zweifache Liebe.
(In tiefem Schmerz.)
Oh, mein schönes Nest besudelt!
(Rasch entschlossen.)
Euch werd ich überraschen.
(Wendet sich drohend gegen das Gemälde.)
Du bekommst ihn heute abend nicht. Ich schwör es!

SCARPIA *(entrüstet, fast vorwurfsvoll).*
In der Kirche!

TOSCA *(weinend).*
Gott verzeih mir. Er sieht mich weinen!
(Bricht in Tränen aus. Scarpia stützt sie und führt sie zum Ausgang; tut, als wolle er sie beruhigen. Kaum ist Tosca abgegangen, füllt sich die Kirche mehr und mehr. Scarpia kehrt, nachdem er Tosca hinausbegleitet hat, zu der Säule zurück und gibt ein Zeichen. Sofort tritt Spoletta vor. Das

si aggruppa nel fondo, in attesa del Cardinale; alcuni inginocchiati pregano.)

SCARPIA *(a Spoletta).*
Tre birri ... Una carrozza ... Presto, seguila
dovunque vada ... non visto ... provvedi!

SPOLETTA. Sta bene. Il convegno?

SCARPIA. Palazzo Farnese!
(Spoletta esce frettoloso. – Con un sorriso sardonico.)
Va, Tosca! Nel tuo cuor s'annida Scarpia.
(Esce il corteggio che accompagna il Cardinale all'altare maggiore; i soldati svizzeri fanno far largo alla folla, che si dispone su due ali.)
Va, Tosca! È Scarpia
che scioglie a volo il falco
della tua gelosia. Quanta promessa
nel tuo pronto sospetto!
(Scarpia s'inchina e prega al passaggio del Cardinale. Questi benedice la folla che reverente s'inchina.)

CORO.
Adjutorum nostrum in nomine Domini.
Qui fecit cœlum et terram.
Sit nomen Domini benedictum.
Et hoc nunc et usque in sæculum.

SCARPIA.
A doppia mira
tendo il voler, né il capo del ribelle
è la più preziosa. Ah, di quegli occhi
vittorïosi veder la fiamma
(con passione erotica)
illanguidir con spasimo d'amore!
La doppia preda avrò. L'uno al capestro,
l'altra fra le mie braccia ...
(Tutta la folla è rivolta verso l'altare maggiore; alcuni s'inginocchiano.)

CORO. Te Deum laudamus,
Te Dominum confitemur.

Volk versammelt sich im Hintergrund und erwartet den Kardinal; einige beten kniend.)

SCARPIA *(zu Spoletta).*

Drei Häscher ... einen Wagen ... Schnell, folg ihr
wohin sie geht ... unbemerkt ... sei vorsichtig!

SPOLETTA. Jawohl. Der Treffpunkt?

SCARPIA. Palazzo Farnese!

(Spoletta rasch ab. – Mit sardonischem Lächeln.)

Geh, Tosca! In deinem Herzen nistet Scarpia sich ein.

(Der Kardinal tritt mit Gefolge auf und schreitet zum Hochaltar; die Schweizergarde bahnt einen Weg durch die Menge, die sich teilt.)

Geh, Tosca!
Scarpia läßt ihn aufsteigen,
den Falken deiner Eifersucht. Welch ein Versprechen
in deinem raschen Verdacht!

(Scarpia verneigt sich betend, als der Kardinal vorübergeht. Dieser segnet die andächtig kniende Menge.)

CHOR.

Adjutorum nostrum in nomine Domini.
Qui fecit cœlum et terram.
Sit nomen Domini benedictum.
Et hoc nunc et usque in sæculum.

SCARPIA.

Ein doppeltes Ziel
strebe ich an, und der Kopf des Rebellen
ist das weniger kostbare. Ah, das Feuer
dieser siegreichen Augen zu sehen,
(in sinnlicher Erregung)
verglühend in Liebeslust!
Die doppelte Beute werde ich haben. Ihn am Galgen,
sie in meinen Armen ...

(Die Gemeinde wendet sich dem Hochaltar zu; einige knien.)

CHOR. Te Deum laudamus,
te Dominum confitemur.

SCARPIA *(riavendosi come da un sogno).*
Tosca, mi fai dimenticare Iddio!
(Si unisce al Coro.)

(Cala rapidamente il sipario.)

SCARPIA *(wie aus einem Traum erwachend).*
Tosca, du läßt mich Gott vergessen!
(Stimmt in den Chorgesang ein.)

(Rasch fällt der Vorhang.)

Atto secondo

La camera di Scarpia al piano superiore del Palazzo Farnese. Tavola imbandita. Un'ampia finestra verso il cortile del Palazzo. È notte.

SCARPIA *(è seduto alla tavola e vi cena. Interrompe a tratti la cena per riflettere. Trae di tasca l'orologio e nell'atteggiamento e nella irrequietezza tradisce un'ansia febbrile).*
Tosca è un buon falco! ...
Certo a quest'ora
i miei segugi le due prede azzannano!
Doman sul palco
vedrà l'aurora
Angelotti e il bel Mario al laccio pendere.
(Suona il campanello, Sciarrone compare.)
Tosca è a palazzo?

SCIARRONE.
Un ciambellan ne uscia
pur ora in traccia.

SCARPIA *(accenna la finestra).*
Apri. Tarda è la notte.
(Dal piano inferiore – ove la Regina di Napoli, Maria Carolina, dà una grande festa in onore di Melas – si ode il suono di un'orchestra.)
Alla cantata ancor manca la Diva,
e strimpellan gavotte.
(A Sciarrone.)
Tu attenderai la Tosca in sull'entrata;
le dirai ch'io l'aspetto
finita la cantata ...
(Sciarrone fa per andarsene. – Richiamandolo.)
o meglio ...
(si alza da una scrivania e scrive in fretta un biglietto; consegnandolo a Sciarrone che esce)
le darai questo biglietto.

Zweiter Akt

Scarpias Zimmer im oberen Stockwerk des Palazzo Farnese. Eine gedeckte Tafel. Ein großes Fenster nach dem Innenhof. Es ist Nacht.

SCARPIA *(sitzt am Tisch und speist: Von Zeit zu Zeit unterbricht er das Mahl, um nachzusinnen. Er zieht eine Uhr aus der Tasche und verrät in seinen Gebärden und seiner Ruhelosigkeit eine fieberhafte Aufregung).*
Tosca ist ein guter Falke! ...
Wohl zu dieser Stunde
packen meine Bluthunde beide Beutetiere!
Morgen bei Sonnenaufgang werden
Angelotti und der schöne Mario am Galgen hängen.
(Er läutet, Sciarrone erscheint.)
Ist Tosca im Palast?

SCIARRONE.
Ein Kammerdiener ging
soeben, sie zu holen.

SCARPIA *(zeigt auf das Fenster).*
Öffne. Spät in der Nacht ist's.
(Vom unteren Stockwerk – wo die Königin von Neapel, Maria Carolina, zu Ehren von Melas ein großes Fest gibt – hört man Orchesterklänge.)
Zur Kantate fehlt noch die Diva,
sie kratzen Gavotten.
(Zu Sciarrone.)
Du paßt Tosca in der Einfahrt ab;
sagst ihr, ich erwarte sie
nach der Kantate ...
(Sciarrone will gehen. – Ruft ihn zurück.)
Oder, besser ...
(steht auf, geht zu einem Schreibtisch und schreibt rasch einige Zeilen; gibt Sciarrone das Briefchen, dieser geht)
du gibst ihr dieses Briefchen.

SCARPIA *(torna alla tavola e mescendosi da bere dice).*
Ella verrà ... per amor del suo Mario!
Per amor del suo Mario al piacer mio
s'arrenderà. Tal dei profondi amori
è la profonda miseria. Ha più forte
sapore la conquista vïolenta
che il mellifluo consenso. Io di sospiri
e di lattiginose albe lunari
poco m'appago. Non so trarre accordi
di chitarre, né oròscopo di fior,
(sdegnosamente)
né far l'occhio di pesce,
o tubar come tortora!
(S'alza, ma non s'allontana dalla tavola.)
Bramo. La cosa bramata
perseguo, me ne sazio e via la getto
volto a nuova esca. Dio creò diverse
beltà, vini diversi. Io vo' gustar
quanto più posso dell'opra divina!
(Beve.)

SCIARRONE *(entrando).*
Spoletta è giunto.

SCARPIA *(eccitatissimo, gridando).*
Entri. In buon punto.
(Sciarrone esce per chiamare Spoletta, che accompagna nella sala, rimane poi presso la porta del fondo.)

Scarpia. Spoletta. Sciarrone.

SCARPIA *(si siede e tutt'occupato a cenare, interroga Spoletta senza guardarlo).*
O galantuomo, come andò la caccia? ...

SPOLETTA *(avanzandosi un poco ed impaurito, da sé).*
Sant'Ignazio, m'aiuta!

SCARPIA *(geht zur Tafel zurück und schenkt sich ein).*
Sie wird kommen ... aus Liebe zu ihrem Mario!
Aus Liebe zu ihrem Mario wird sie sich meinem Willen
ergeben. So wird aus tiefer Liebe
tiefes Leid. Stärker ist
der Genuß einer gewaltsamen Eroberung
als der süßlicher Hingabe. Ich kann Liebesseufzern
und milchigen Mondaufgängen
wenig abgewinnen. Ich mag nicht
Gitarre spielen noch Blumenorakel befragen,
(verächtlich)
noch verliebte Fischaugen machen
oder turteln wie eine Taube!
(Erhebt sich, ohne sich vom Tisch zu entfernen.)
Ich begehre. Und was ich begehre,
verfolge ich, sättige mich daran und werf es weg,
neuer Speise zugewandt. Gott schuf verschiedene
Reize, verschiedene Weine. Ich will genießen,
soviel ich kann, von der göttlichen Schöpfung!
(Trinkt.)

SCIARRONE *(tritt ein).*
Spoletta ist da.

SCARPIA *(sehr erregt, laut rufend).*
Herein. Zur rechten Zeit.
(Sciarrone geht hinaus, um Spoletta zu rufen, begleitet ihn in den Saal und bleibt dann nahe der Tür im Hintergrund stehen.)

Scarpia. Spoletta. Sciarrone.

SCARPIA *(setzt sich wieder, ganz mit seinem Mahl beschäftigt, befragt Spoletta, ohne ihn anzusehen).*
O Verehrtester, wie war die Jagd? ...

SPOLETTA *(kommt etwas näher, furchtsam, für sich).*
Heiliger Ignatius, hilf mir!

(Forte.)
Della signora seguimmo la traccia.
Giunti a un'erma villetta
tra le fratte perduta
ella v'entrò. Ne uscì sola ben presto.
Allora scavalco lesto
il muro del giardin coi miei cagnotti
e piombo in casa . . .
SCARPIA. Quel bravo Spoletta!
SPOLETTA *(esitando).*
Fiuto! . . . razzolo! . . . frugo! . . .
SCARPIA *(si avvede dell'indecisione di Spoletta e si leva ritto, pallido d'ira, le ciglia corrugate).*
Ahi! l'Angelotti? . . .
SPOLETTA. Non s'è trovato!
SCARPIA *(con rabbia crescente).*
Ah, cane! Ah, traditore!
Ceffo di basilisco,
(gridando.)
alle forche! . . .
SPOLETTA *(tremante, cerca scongiurare la collera di Scarpia).*
Gesù!
(Timidamente.)
C'era il pittor . . .
SCARPIA *(interrompendolo).*
Cavaradossi?
SPOLETTA *(accennando di sì col capo, aggiunge subito).*
Ei sa
dove l'altro s'asconde. Ogni suo gesto,
ogni accento, tradìa
tal beffarda ironia,
ch'io lo trassi in arresto!
SCARPIA *(con un sospiro di soddisfazione).*
Meno male!
SPOLETTA *(accenna all'anticamera).*
Egli è là.

(Laut.)
Wir verfolgten die Spur dieser Dame,
wir kamen zu einem einsamen kleinen Landhaus,
im Wald versteckt,
dort trat sie ein. Bald kam sie allein wieder heraus.
Da kletterte ich rasch
über die Gartenmauer mit meinen Leuten
und drang ins Haus ...

SCARPIA. Dieser tapfere Spoletta!

SPOLETTA *(zögernd).*
Ich suche! ... wühle! ... stöbere! ...

SCARPIA *(bemerkt Spolettas Zögern und richtet sich auf, blaß vor Wut, mit zusammengezogenen Augenbrauen).*
Ah! Angelotti? ...

SPOLETTA. Er war nicht zu finden!

SCARPIA *(mit wachsendem Zorn).*
Ah, Hund! Ah, Verräter!
Schlangenfratze,
(schreiend)
an den Galgen! ...

SPOLETTA *(versucht zitternd, Scarpias Zorn zu besänftigen).*
Jesus!
(Furchtsam.)
Da war der Maler ...

SCARPIA *(unterbricht ihn).*
Cavaradossi?

SPOLETTA *(nickt bejahend und fügt schnell hinzu).*
Er weiß,
wo der andere sich versteckt. Sein ganzes Benehmen,
sein Tonfall verrieten
solch höhnische Ironie,
daß ich ihn festnahm!

SCARPIA *(atmet erleichtert auf).*
Schon besser!

SPOLETTA *(zeigt auf das Vorzimmer).*
Er ist da.

(Scarpia passeggia meditando; a un tratto si arresta: dall'aperta finestra odesi la Cantata eseguita dai Cori nella sala della Regina. Dunque Tosca è tornata, è la sotto di lui.)

CORO *(interno, al quale poi si unisce Tosca).*
Sale, ascende l'uman cantico,
varca spazi, varca cieli
per ignoti soli empirei
profetati dai Vangeli,
a te giunge, o re dei re!
Questo canto voli a te,
sommo Iddio della vittoria;
quest'uman inno di gloria
alle cantiche degli angeli
or s'unisca e voli a te!

SCARPIA *(gli balena un'idea e dice subito a Spoletta).*
Introducete il Cavalier.
(Spoletta esce. – A Sciarrone.) A me
Roberti e il Giudice del Fisco.
(Sciarrone esce: Scarpia siede ancora a tavola.)

Spoletta e tre birri introducono Mario Cavaradossi. Poi Roberti, esecutore di Giustizia, il Giudice del Fisco con uno Scrivano e Sciarrone.

CAVARADOSSI *(altero, avanzandosi con impeto).*
Tale violenza! . . .

SCARPIA *(con studiata cortesia).*
Cavalier, vi piaccia
accomodarvi.

CAVARADOSSI.
Vo' saper . . .

SCARPIA *(accennando una sedia al lato opposto della tavola).*
Sedete.

(Scarpia geht nachdenklich auf und ab; plötzlich bleibt er stehen: Durch das geöffnete Fenster klingt die Chorkantate aus dem Saal der Königin herauf. Also ist Tosca eingetroffen und befindet sich dort unter ihm.)

CHOR *(hinter der Szene, in den Tosca dann einstimmt).*
Er steigt, er schwebt empor, der menschliche Gesang,
durch die Räume, durch die Himmel,
vorbei an fremden Sonnen,
von denen das Evangelium spricht,
und dringt zu dir, König der Könige!
Der Gesang steig auf zu dir,
höchster Gott des Sieges;
der Menschen Lobeshymne,
sie vereine sich mit den Liedern der Engel
und steige auf zu dir!

SCARPIA *(hat einen Einfall und sagt plötzlich zu Spoletta).*
Führt den Cavaliere herein.
(Spoletta ab. – Zu Sciarrone.) Hol mir
Roberti und den Untersuchungsrichter.
(Sciarrone ab; Scarpia sitzt wieder an der Tafel.)

Spoletta und drei Geheimpolizisten führen Mario Cavaradossi herein. Dann treten auf der Gerichtsdiener Roberti, der Untersuchungsrichter mit einem Schreiber und Sciarrone.

CAVARADOSSI *(selbstbewußt, tritt heftig näher).*
Welch ein Gewaltakt! ...

SCARPIA *(mit gesuchter Höflichkeit).*
Cavaliere, vielleicht ist's Euch gefällig,
Platz zu nehmen.

CAVARADOSSI.
Ich will wissen ...

SCARPIA *(weist auf einen Stuhl am Tisch ihm gegenüber).*
Setzt Euch.

CAVARADOSSI *(rifiutando).*
Aspetto.
SCARPIA. E sia!
(Guarda fisso Cavaradossi prima d'interrogarlo.)
V'è noto che un prigione …
(Odesi la voce di Tosca che prende parte alla Cantata.)
CAVARADOSSI *(udendo la voce di Tosca esclama commosso).*
La sua voce! …
SCARPIA *(che si era interrotto all'udire la voce di Tosca, riprende).*
… v'è noto che un prigione
oggi è fuggito da Castel Sant'Angelo?
CAVARADOSSI. Ignoro.
SCARPIA. Eppur si pretende che voi
l'abbiate accolto in Sant'Andrea, provvisto
di cibo e vesti …
CAVARADOSSI *(risoluto).*
Menzogna!
SCARPIA *(continuando a mantenersi calmo).*
… e guidato
ad un vostro podere suburbano.
CAVARADOSSI. Nego. Le prove?
SCARPIA *(mellifluo).*
Un suddito fedele …
CAVARADOSSI. Al fatto. Chi mi accusa?
(Ironico.)
I vostri birri
invan frugâr la villa.
SCARPIA. Segno che è ben celato.
CAVARADOSSI. Sospetti di spia!
SPOLETTA *(offeso, interviene).*
Alle nostre ricerche egli rideva …
CAVARADOSSI. E rido ancor.
SCARPIA *(terribile, alzandosi).*
Questo è luogo di lacrime!
(Minaccioso.)

CAVARADOSSI *(ablehnend).*
Ich warte.
SCARPIA. Auch gut!
(Er fixiert Cavaradossi, bevor er ihn befragt.)
Ihr wißt, daß ein Gefangener ...
(Man hört Tosca in die Kantate einstimmen.)
CAVARADOSSI *(hört Toscas Stimme und ruft bewegt).*
Ihre Stimme! ...
SCARPIA *(der sich beim Klang von Toscas Stimme unterbrochen hatte, fährt fort).*
... Ihr wißt, daß ein Gefangener
heute aus der Engelsburg entflohen ist?
CAVARADOSSI. Das weiß ich nicht.
SCARPIA. Und doch wird behauptet, Ihr hättet
ihn versteckt in Sant'Andrea und versorgt
mit Essen und Kleidung ...
CAVARADOSSI *(energisch).*
Lüge!
SCARPIA *(ruhig fortfahrend).*
... und ihn
in Euer Haus vor der Stadt gebracht.
CAVARADOSSI. Das leugne ich. Die Beweise?
SCARPIA *(süßlich).*
Ein treuer Untertan ...
CAVARADOSSI. Zur Sache. Wer klagt mich an?
(Ironisch.)
Eure Geheimpolizei
hat die Villa umsonst durchsucht.
SCARPIA. Das zeigt, daß er gut versteckt ist.
CAVARADOSSI. Der Verdacht eines Schnüfflers!
SPOLETTA *(fährt gekränkt dazwischen).*
Er hat bei unserer Suche gelacht ...
CAVARADOSSI. Und ich lache noch.
SCARPIA *(furchterregend, erhebt sich).*
Hier ist ein Ort der Tränen!
(Drohend.)

Badate!
(Nervosissimo.)
Or basta! Rispondete!
(Irritato e disturbato dalle voci della Cantata, va a chiudere la finestra. – Imperioso, a Cavaradossi.)
Ov'è Angelotti?
CAVARADOSSI. Non lo so.
SCARPIA. Negate d'avergli dato cibo?
CAVARADOSSI. Nego!
SCARPIA. E vesti?
CAVARADOSSI. Nego!
SCARPIA. E asilo nella villa?
E che là sia nascosto?
CAVARADOSSI *(con forza).*
Nego! nego!
SCARPIA *(quasi paternamente, ritornando calmo).*
Via. Cavaliere, riflettete:
saggia non è cotesta
ostinatezza vostra.
Angoscia grande, pronta confessione
eviterà! Io vi consiglio, dite:
dov'è dunque Angelotti?
CAVARADOSSI. Non lo so.
SCARPIA. Ancor l'ultima volta. Dov'è?
CAVARADOSSI. Nol so!
SPOLETTA *(da sé).*
O bei tratti di corda!

Tosca, entra affannosa. Vede Cavaradossi e corre ad abbracciarlo.

SCARPIA *(vedendo Tosca, da sé).*
Eccola!
TOSCA. Mario, tu qui?!

Hütet Euch!
(Sehr nervös.)
Genug jetzt! Antwortet!
(Irritiert und verwirrt durch die Stimmen der Kantate, geht er und schließt das Fenster. – Herrisch zu Cavaradossi.)
Wo ist Angelotti?

CAVARADOSSI. Weiß ich nicht.
SCARPIA. Leugnet Ihr, daß Ihr ihm zu essen gabt?
CAVARADOSSI. Ich leugne!
SCARPIA. Und die Kleidung?
CAVARADOSSI. Ich leugne!
SCARPIA. Und Unterschlupf in der Villa?
Und daß er dort versteckt ist?
CAVARADOSSI *(sehr heftig).*
Ich leugne! Ich leugne!
SCARPIA *(fast väterlich, wieder ruhig).*
Los, Cavaliere, bedenkt:
Klug ist Eure
Verstocktheit eben nicht.
Ein rasches Geständnis wird großen Kummer
ersparen! Ich rate Euch, sagt:
Wo also ist Angelotti?
CAVARADOSSI. Weiß ich nicht.
SCARPIA. Zum letzten Mal: Wo ist er?
CAVARADOSSI. Weiß ich nicht!
SPOLETTA *(beiseite).*
Das wird eine schöne Folter!

Tosca tritt atemlos ein. Sie sieht Cavaradossi, läuft auf ihn zu und umarmt ihn.

SCARPIA *(erblickt Tosca, für sich).*
Da ist sie!
TOSCA. Mario, du hier?!

CAVARADOSSI *(sommessamente a Tosca, che accenna d'aver capito).*
Di quanto là vedesti, taci,
o m'uccidi! ...
SCARPIA *(con solennità).*
Mario Cavaradossi,
qual testimone il Giudice v'aspetta.
(Fa cenno a Sciarrone di aprire l'uscio che dà alla camera della tortura. – A Roberti.)
Pria le forme ordinarie. Indi ... ai miei cenni.
(Il Giudice entra nella camera della tortura; gli altri lo seguono, rimanendo Tosca e Scarpia. Spoletta si ritira presso alla porta in fondo alla sala.
Sciarrone chiude l'uscio. Tosca fa un atto di grande sorpresa: Scarpia, studiatamente gentile, la rassicura.)
SCARPIA *(con galanteria).*
Ed or fra noi parliam da buoni amici.
(Accenna a Tosca di sedere.)
Via quell'aria sgomentata ...
TOSCA *(siede con calma studiata).*
Sgomento alcun non ho.
SCARPIA. La storia del ventaglio? ...
(Passa dietro al canapè ov'è seduta Tosca e vi si appoggia.)
TOSCA *(con simulata indifferenza).*
Fu sciocca gelosia.
SCARPIA.
L'Attavanti non era dunque alla villa?
TOSCA. No: egli era solo.
SCARPIA. Solo?
(Indagando con malizia.)
Ne siete ben sicura?
TOSCA. Nulla sfugge ai gelosi.
(Con insistenza stizzosa.)
Solo! solo!

CAVARADOSSI *(leise zu Tosca, die ihm bedeutet, daß sie verstanden hat).*
Schweig über das, was du dort gesehen hast,
sonst tötest du mich! ...

SCARPIA *(feierlich).*
Mario Cavaradossi,
als Zeugen erwartet Euch der Richter.
(Er winkt Sciarrone, den Eingang zur Folterkammer zu öffnen. – Zu Roberti.)
Erst das Übliche. Dann ... nach meinen Anweisungen.
(Der Richter geht in die Folterkammer; die anderen folgen ihm, Tosca und Scarpia bleiben zurück. Spoletta zieht sich nach der Tür im Hintergrund zurück.
Sciarrone verschließt den Eingang zur Folterkammer. Tosca will erstaunt auffahren: Scarpia beruhigt sie mit ausgesuchter Höflichkeit.)

SCARPIA *(galant).*
Und jetzt wollen wir als gute Freunde plaudern.
(Winkt Tosca, Platz zu nehmen.)
Fort mit dieser ängstlichen Miene ...

TOSCA *(setzt sich mit gespielter Ruhe).*
Ich habe keine Angst.

SCARPIA. Die Sache mit dem Fächer?
(Tritt hinter das Sofa, auf dem Tosca sitzt, und stützt sich auf die Lehne.)

TOSCA *(mit geheuchelter Gleichgültigkeit).*
War dumme Eifersüchtelei.

SCARPIA.
Die Attavanti war also nicht in der Villa?

TOSCA. Nein, er war allein.

SCARPIA. Allein?
(Boshaft forschend.)
Seid Ihr ganz sicher?

TOSCA. Nichts entgeht der Eifersucht.
(Hartnäckig und gereizt.)
Allein! Allein!

SCARPIA *(prende una sedia, la porta di fronte a Tosca, vi si siede e la guarda fiso).*
Davver?

TOSCA *(assai stizzita).*
Solo! sì!

SCARPIA. Quanto fuoco! Par che abbiate paura
di tradirvi.
(Rivolgendosi verso l'uscio della camera della tortura, chiamando.)
Sciarrone: che dice il Cavalier?

SCIARRONE *(apparendo sul limitare dell'uscio).*
Nega.

SCARPIA *(a voce più alta).*
Insistiamo.
(Sciarrone rientra chiudendo l'uscio.)

TOSCA *(ridendo).*
Oh, è inutil.

SCARPIA *(seriissimo, si alza e passeggia).*
Lo vedremo, signora.

TOSCA *(lentamente, con sorriso ironico).*
Dunque per compiacervi si dovrebbe mentir?

SCARPIA. No; ma il vero potrebbe abbreviargli un'ora
assai penosa ...

TOSCA *(sorpresa).*
Un'ora penosa? Che vuol dir?
Che avviene in quella stanza?

SCARPIA. È forza che s'adempia la legge.

TOSCA. Oh! Dio! ... che avviene?

SCARPIA *(con espressione di ferocia e con forza crescente).*
Legato mani e pie'
il vostro amante ha un cerchio uncinato alle tempia.
che ad ogni niego ne sprizza sangue senza merce'.

TOSCA *(balza in piedi).*
Non è ver, non è ver! Sogghigno di démone ...
(Ascolta con grande ansietà, le mani nervosamente avvinghiate alla spalliera del canapè.)

SCARPIA *(nimmt einen Stuhl, stellt ihn vor Tosca auf, setzt sich ihr gegenüber und fixiert sie).*
Wirklich?

TOSCA *(sehr gereizt).*
Allein! Ja!

SCARPIA. Welches Feuer! Es scheint, Ihr habt Angst,
Euch zu verraten.
(Dreht sich zur Tür der Folterkammer um und ruft.)
Sciarrone: was sagt der Cavaliere?

SCIARRONE *(erscheint auf der Türschwelle).*
Er leugnet.

SCARPIA *(noch lauter).*
Weitermachen.
(Sciarrone geht wieder hinein und schließt die Tür.)

TOSCA *(lachend).*
Oh, das ist sinnlos.

SCARPIA *(sehr ernst, steht auf und schreitet umher).*
Wir werden ja sehen, Signora.

TOSCA *(langsam, mit ironischem Lächeln).*
Also Euch zu gefallen sollte man lügen?

SCARPIA. Nein; aber die Wahrheit könnte ihm eine
recht schmerzvolle Stunde verkürzen ...

TOSCA *(überrascht).*
Eine schmerzvolle Stunde? Das heißt?
Was passiert in dem Zimmer?

SCARPIA. Das Gesetz muß nun einmal erfüllt werden.

TOSCA. Oh! Gott! ... was passiert?

SCARPIA *(mit Wildheit und zunehmender Brutalität).*
Gebunden an Händen und Füßen,
trägt Euer Geliebter einen Stachelring um die Schläfen,
der bei jedem Leugnen das Blut gnadenlos hervortreibt.

TOSCA *(aufspringend).*
Das ist nicht wahr, das ist nicht wahr! Ein teuflischer Scherz ...
(Lauscht voller Angst, mit den Händen nervös die Sofalehne umklammernd.)

CAVARADOSSI *(con un gemito prolungato).*
Ahimè!
TOSCA. Un gemito ... pietà ...
SCARPIA. Sta in voi salvarlo.
TOSCA. Ebbene ... ma cessate, cessate!
SCARPIA *(avvicinandosi all'uscio e aprendolo).*
Sciarrone, sciogliete.
SCIARRONE *(apparendo sul limitare).*
Tutto?
SCARPIA. Tutto.
(Sciarrone rientra nella camera della tortura, chiudendo l'uscio. – A Tosca.)
Ed or ... la verità.
TOSCA. Ch'io lo veda! ...
SCARPIA. No!
TOSCA *(a poco a poco riesce ad avvicinarsi all'uscio).*
Mario!
LA VOCE DI CAVARADOSSI *(dolorosamente).*
Tosca!
TOSCA. Ti straziano ancora?
LA VOCE DI CAVARADOSSI.
No. Coraggio, taci. Sprezzo il dolor.
SCARPIA *(avvicinandosi a Tosca).*
Orsù, Tosca, parlate.
TOSCA *(rinfrancata).*
Non so nulla!
SCARPIA. Non vale quella prova? ...
(Fa per avvicinarsi all'uscio.)
Roberti, ripigliamo ...
TOSCA *(si frappone fra l'uscio e Scarpia, per impedire che dia l'ordine).*
No! Fermate! ...
SCARPIA. Voi parlerete?
TOSCA *(contro Scarpia).*
No ... mostro!
lo strazi ... l'uccidi!

CAVARADOSSI *(mit einem langen Stöhnen).*
Ah!
TOSCA. Ein Stöhnen ... Gnade ...
SCARPIA. Es liegt an Euch, ihn zu retten.
TOSCA. Nun gut ... aber hört auf, hört auf!
SCARPIA *(geht zur Tür und öffnet sie).*
Sciarrone, macht ihn los.
SCIARRONE *(erscheint auf der Schwelle).*
Ganz?
SCARPIA. Ganz.
(Sciarrone geht in die Folterkammer zurück und schließt die Tür. – Zu Tosca.)
Und nun ... die Wahrheit.
TOSCA. Ich will ihn sehen! ...
SCARPIA. Nein!
TOSCA *(kann sich allmählich der Tür nähern).*
Mario!
CAVARADOSSIS STIMME *(schmerzlich).*
Tosca!
TOSCA. Quälen sie dich noch?
CAVARADOSSIS STIMME.
Nein. Hab Mut, schweig. Ich verachte den Schmerz.
SCARPIA *(nähert sich Tosca).*
Nun, Tosca, redet.
TOSCA *(wieder gefaßt).*
Ich weiß nichts!
SCARPIA. Reicht diese Probe nicht? ...
(Will sich dem Eingang nähern.)
Roberti, wir machen weiter ...
TOSCA *(eilt zwischen die Tür und Scarpia, um seinen Befehl zu verhindern).*
Nein! Hört auf! ...
SCARPIA. Wollt Ihr reden?
TOSCA *(gegen Scarpia).*
Nein ... Ungeheuer!
Du quälst ihn ... du bringst ihn um!

SCARPIA. Lo strazia quel vostro
silenzio assai più. *(Ride.)*

TOSCA. Tu ridi . . . tu ridi
all'orrida pena?

SCARPIA *(con entusiasmo).*
Mai Tosca alla scena
più tragica fu.
(Tosca, inorridita, si allontana da Scarpia che, preso da subitaneo senso di ferocia, si rivolge a Spoletta. – Gridando.)
Aprite le porte
che n'oda i lamenti.
(Spoletta apre l'uscio, ponendovisi ritto innanzi.)

LA VOCE DI CAVARADOSSI. Vi sfido.

SCARPIA *(gridando a Roberti).*
Più forte.

LA VOCE DI CAVARADOSSI. Vi sfido.

SCARPIA *(a Tosca).*
Parlate!

TOSCA. Che dire?

SCARPIA. Su, via!

TOSCA. Ah! non so nulla!
(Disperata.)
Ah! dovrei mentir?

SCARPIA *(insistendo).*
Dite dov'è Angelotti? Parlate, su, via,
dove celato sta?

TOSCA.
Ah! più non posso! Ah! cessate il martir!
È troppo soffrir! Ah! non posso più!
(Si rivolge ancora supplichevole a Scarpia, il quale fa cenno a Spoletta di lasciar avvicinare Tosca: questa va presso all'uscio aperto ed esterrefatta alla vista dell'orribile scena, si rivolge a Cavaradossi.
Dolorosamente, presso la porta della camera della tortura.)

SCARPIA. Ihn quält Euer Schweigen
noch viel mehr. *(Lacht.)*

TOSCA. Du lachst ... du lachst
bei dieser furchtbaren Tortur?

SCARPIA *(mit Emphase).*
Nie war Tosca auf der Bühne
tragischer.
(Tosca weicht entsetzt vor Scarpia zurück, dieser wendet sich in einem plötzlichen Wutausbruch an Spoletta. – Schreiend.)
Öffnet die Tür,
damit man das Jammern höre.
(Spoletta öffnet die Tür und stellt sich davor.)

CAVARADOSSIS STIMME. Ich trotze Euch.

SCARPIA *(zu Roberti, schreiend).*
Stärker.

CAVARADOSSIS STIMME. Ich trotze Euch.

SCARPIA *(zu Tosca).*
Redet!

TOSCA. Was soll ich sagen?

SCARPIA. Na los!

TOSCA. Ach! Ich weiß nichts!
(Verzweifelt.)
Ach! Soll ich denn lügen?

SCARPIA *(drängend).*
Sagt, wo ist Angelotti? Redet, na los,
wo ist er versteckt?

TOSCA.
Ach! Ich kann nicht mehr! Ach! Beendet die Tortur!
Das ist zuviel Leid! Ach! Ich kann nicht mehr!
(Sie wendet sich noch einmal flehend an Scarpia, der Spoletta einen Wink gibt, sie näherkommen zu lassen: Sie geht zu der geöffneten Tür und wendet sich, entsetzt vom Anblick der furchtbaren Szene, zu Cavaradossi. Schmerzlich, dicht an der Tür der Folterkammer.)

Mario, consenti
ch'io parli? . . .

LA VOCE DI CAVARADOSSI *(con voce spezzata).*
No, no!

TOSCA *(con insistenza).*
Ascolta, non posso più . . .

LA VOCE DI CAVARADOSSI.
Stolta, che sai? . . . che puoi dir? . . .

SCARPIA *(irritatissimo per le parole di Cavaradossi e temendo che da queste Tosca sia ancora incoraggiata a tacere, grida terribile a Spoletta).*
Ma fatelo tacere! . . .
(Spoletta entra nella camera della tortura e n'esce poco dopo, mentre Tosca, vinta dalla terribile commozione, cade prostrata sul canapè e con voce singhiozzante si rivolge a Scarpia che sta impassibile e silenzioso.)

TOSCA. Che v'ho fatto in vita mia?
Son io
che così torturate! . . . Torturate
l'anima . . .
(Scoppia in singhiozzi straziati, mormorando.)
Sì, mi torturate l'anima!

SPOLETTA *(brontolando in attitudine di preghiera).*
Judex ergo cum sedebit
Quidquid latet apparebit,
Nil inultum remanebit.
(Scarpia, approfittando dell'accasciamento di Tosca, va presso la camera della tortura e fa cenno di ricominciare il supplizio.)

LA VOCE DI CAVARADOSSI.
Ah! *(grido straziante e prolungato.)*

TOSCA *(al grido di Cavaradossi si alza di scatto e subito con voce soffocata dice rapidamente a Scarpia).*
Nel pozzo . . . nel giardino . . .

Mario, erlaubst du,
daß ich rede? ...

CAVARADOSSIS STIMME *(gebrochen).*
Nein, nein!

TOSCA *(dringlich).*
Hör doch, ich kann nicht mehr ...

CAVARADOSSIS STIMME.
Närrin, was weißt du? ... Was kannst du sagen? ...

SCARPIA *(von Cavaradossis Worten aufs äußerste gereizt und in der Befürchtung, Tosca könne durch sie noch zum Schweigen ermutigt werden, schreit Spoletta fürchterlich an).*
So bringt ihn doch zum Schweigen! ...
(Spoletta geht in die Folterkammer und kommt gleich darauf wieder heraus, während Tosca, von der furchtbaren Aufregung überwältigt, entkräftet auf das Sofa sinkt und mit schluchzender Stimme sich zu Scarpia wendet, der unbeweglich und schweigend dasteht.)

TOSCA. Was hab ich Euch je in meinem Leben getan?
Ich bin es,
die Ihr so foltert! ... Ihr foltert
meine Seele ...
(Sie bricht in ein gequältes Schluchzen aus und flüstert.)
Ja, Ihr foltert meine Seele!

SPOLETTA *(murmelnd in Gebetshaltung).*
Judex ergo cum sedebit,
quidquid latet apparebit,
nil inultum rimanebit.
(Scarpia, der Toscas Verzweiflung ausnutzen will, geht zur Folterkammer und gibt ein Zeichen, mit der Tortur wieder zu beginnen.)

CAVARADOSSIS STIMME.
Ah! *(ein gräßlicher, langer Schrei.)*

TOSCA *(bei Cavaradossis Schrei springt sie mit einem Satz auf und sagt mit erstickter Stimme hastig zu Scarpia).*
Im Brunnen ... im Garten ...

SCARPIA. Là è l'Angelotti?
TOSCA. Sì ...
SCARPIA *(forte, verso la camera della tortura).*
Basta, Roberti.
SCIARRONE *(apparendo sulla porta).*
È svenuto!
TOSCA *(a Scarpia).*
Assassino! ... Voglio vederlo ...
SCARPIA *(a Sciarrone).*
Portatelo qui.
(Appare Cavaradossi svenuto, portato dai birri che lo depongono sul canapè. Tosca corre da lui, ma l'orrore della vista dell'amante insanguinato è così forte, ch'essa sgomentata si copre il volto per non vederlo; poi, vergognosa di questa sua debolezza, si inginocchia presso di lui, baciandolo e piangendo. Sciarrone, il Giudice, Roberti, lo Scrivano escono dal fondo, mentre, ad un cenno di Scarpia, Spoletta ed i birri si fermano.)
CAVARADOSSI *(riavendosi).*
Floria! ...
TOSCA. Amore ...
CAVARADOSSI. Sei tu? ...
TOSCA *(caldamente).*
Quanto hai penato,
anima mia! Ma il giusto Iddio lo punirà!
CAVARADOSSI. Tosca, hai parlato?
TOSCA. No, amor ...
CAVARADOSSI. Davvero ...?
SCARPIA *(a Spoletta, con autorità).*
Nel pozzo
del giardino. Va, Spoletta.
(Spoletta esce; Cavaradossi si leva minaccioso contro Tosca; poi le forze l'abbandonano e si lascia cadere sul canapè, esclamando con rimprovero pieno di amarezza verso Tosca.)

SCARPIA. Dort ist Angelotti?

TOSCA. Ja ...

SCARPIA *(laut, zur Folterkammer hin).*
Schluß jetzt, Roberti.

SCIARRONE *(erscheint auf der Schwelle).*
Er ist ohnmächtig!

TOSCA *(zu Scarpia).*
Mörder! ... Ich will ihn sehen ...

SCARPIA *(zu Sciarrone).*
Tragt ihn her.
(Die Polizisten tragen den ohnmächtigen Cavaradossi herein und legen ihn aufs Sofa. Tosca stürzt auf ihn zu, ist aber über den Anblick ihres blutüberströmten Geliebten so entsetzt, daß sie die Hände vor das Gesicht schlägt, um ihn nicht zu sehen; dann schämt sie sich ihrer Schwäche, kniet neben ihm nieder, küßt ihn und weint. Sciarrone, der Richter, Roberti und der Schreiber gehen im Hintergrund ab, während Spoletta und die Polizisten auf einen Wink Scarpias stehenbleiben.)

CAVARADOSSI *(kommt wieder zu sich).*
Floria! ...

TOSCA. Geliebter ...

CAVARADOSSI. Bist du es? ...

TOSCA *(mit Wärme).*
Wie sehr hast du gelitten,
mein Geliebter! Aber der gerechte Gott wird ihn strafen!

CAVARADOSSI. Tosca, hast du geredet?

TOSCA. Nein, Geliebter ...

CAVARADOSSI. Wirklich ...?

SCARPIA *(zu Spoletta, mit Nachdruck).*
Im Brunnen
im Garten. Geh, Spoletta.
(Spoletta ab; Cavaradossi erhebt sich drohend gegen Tosca; dann schwinden seine Kräfte, und er läßt sich auf das Sofa fallen; vorwurfsvoll und bitter ruft er Tosca zu.)

CAVARADOSSI. M'hai tradito! ...
(Si lascia cadere affranto.)
TOSCA *(abbracciandosi stretta a Cavaradossi).*
Mario!
CAVARADOSSI *(cercando respingerla).*
Maledetta!
SCIARRONE *(erompendo affannoso).*
Eccellenza, quali nuove!
SCARPIA *(sorpreso).*
Che vuol dir quell'aria afflitta?
SCIARRONE. Un messaggio di sconfitta ...
SCARPIA. Che sconfitta? Come? Dove?
SCIARRONE. A Marengo ...
SCARPIA *(impaziente, gridando).*
Tartaruga!
SCIARRONE. Bonaparte è vincitor ...
SCARPIA. Melas!
SCIARRONE. No. Melas è in fuga! ...
(Cavaradossi, con ansia crescente ha udito le parole di Sciarrone, nel proprio entusiasmo trova la forza di alzarsi minaccioso in faccia a Scarpia.)
CAVARADOSSI *(con grande entusiasmo).*
Vittoria! Vittoria!
L'alba vindice appar
che fa gli empi tremar!
Libertà sorge, crollan
tirannidi!
TOSCA *(disperata, avvicinandosi a Cavaradossi cercando calmarlo).*
Mario, taci, pietà di me!
CAVARADOSSI. Del sofferto martir
me vedrai qui gioir ...
il tuo cuor trema, o Scarpia,
carnefice!
SCARPIA *(sorride sarcasticamente).*
Braveggia, urla! T'affretta

CAVARADOSSI. Du hast mich verraten! ...
(Er läßt sich fallen, gebrochen.)
TOSCA *(umfängt Cavaradossi fest).*
Mario!
CAVARADOSSI *(sucht sie abzuwehren).*
Verfluchte!
SCIARRONE *(stürzt keuchend herein).*
Euer Gnaden, welch eine Neuigkeit!
SCARPIA *(überrascht).*
Was soll diese betrübte Miene?
SCIARRONE. Eine Niederlage ist zu melden ...
SCARPIA. Welche Niederlage? Wie? Wo?
SCIARRONE. Bei Marengo ...
SCARPIA *(ungeduldig, schreiend).*
So rede endlich!
SCIARRONE. Bonaparte hat gesiegt ...
SCARPIA. Melas!
SCIARRONE. Nein. Melas ist auf der Flucht! ...
(Cavaradossi hat mit wachsender Erregung die Worte Sciarrones vernommen, in seiner Begeisterung findet er die Kraft, sich drohend gegen Scarpia zu erheben.)
CAVARADOSSI *(in großer Begeisterung).*
Sieg! Sieg!
Der Rache Morgenrot bricht an,
das die Feinde zittern läßt!
Freiheit steigt auf, es stürzen
die Tyrannen!
TOSCA *(umklammert verzweifelt Cavaradossi und sucht ihn zu beruhigen).*
Mario, schweig, hab Mitleid mit mir!
CAVARADOSSI. Über die erlittene Qual
siehst du mich hier lachen ...
dein Herz zittert, o Scarpia,
du Henker!
SCARPIA *(mit sarkastischem Lächeln).*
Brüste dich und schrei! Beeil dich

a palesarmi il fondo
dell'alma ria!
Va! Moribondo,
il capestro t'aspetta!
(Ed irritato per le parole di Cavaradossi, grida ai birri.)
Portatemelo via!
(Sciarrone ed i birri s'impossessano di Cavaradossi e lo trascinano verso la porta. Tosca cerca opporsi con tutte le sue forze, avvinghiandosi a Mario e sempre più opponendosi agli sbirri e cercando forzare il passo sbarrato da Scarpia.)

TOSCA. Mario, Mario ... con te ...

SCARPIA *(respingendo Tosca e chiudendo la porta).*
Voi no!

Tosca. Scarpia.

TOSCA *(come un gemito).*
Salvatelo!

SCARPIA. Io? ... voi!
(Si avvicina alla tavola, vede la sua cena interrotta e ritorna calmo e sorridente.)
La mia povera cena fu interrotta.
(Vedendo Tosca abbattuta, immobile, ancora presso la porta.)
Così accasciata? ... Via, mia bella signora,
sedete qui. Volete che cerchiamo
insieme il modo di salvarlo?
(Si siede, accennando in pari tempo di sedere a Tosca.)
E allor sedete ... e favelliamo ...
(Forbisce un bicchiere col tovagliolo, quindi lo guarda a traverso la luce del candelabro.)

die Tiefen deiner schwarzen Seele
mir zu enthüllen!
Fort! Todeskandidat,
der Galgen erwartet dich!
(Und von Cavaradossis Worten gereizt, ruft er den Polizisten zu.)
Schafft ihn fort!
(Sciarrone und die Polizisten packen Cavaradossi und schleppen ihn zur Tür. Tosca will sich ihnen mit aller Kraft in den Weg stellen; sie klammert sich an Mario fest, widersetzt sich den Polizisten immer entschiedener und versucht, den von Scarpia versperrten Weg sich zu erzwingen.)

TOSCA. Mario, Mario ... mit dir ...

SCARPIA *(stößt Tosca zurück und schließt die Tür).*
Ihr nicht!

Tosca. Scarpia.

TOSCA *(mit einem Seufzer).*
Rettet ihn!

SCARPIA. Ich? ... Ihr!
(Geht zur Tafel zurück, sieht sein unterbrochenes Mahl und dreht sich ruhig lächelnd wieder um.)
Meine bescheidene Mahlzeit wurde unterbrochen.
(Sieht Tosca erschöpft und unbeweglich noch immer an der Tür stehen.)
So niedergeschlagen? ... Kommt, schöne Signora,
setzt Euch hierher. Wollt Ihr, daß wir gemeinsam
das Mittel suchen, ihn zu retten?
(Setzt sich und bedeutet Tosca zugleich, Platz zu nehmen.)
Nun setzt Euch ... und wir plaudern ...
(Wischt mit der Serviette ein Glas aus und betrachtet es dann vor dem Licht des Kandelabers.)

E intanto un sorso. È vin di Spagna ...
(Mescendo.)
Un sorso
(con gentilezza)
per rincorarvi.

TOSCA *(siede in faccia a Scarpia guardandolo fissamente; appoggiando i gomiti sul tavolo, colle mani si sorregge il viso e coll'accento del più profondo disprezzo chiede a Scarpia).*
Quanto?

SCARPIA *(imperturbabile e versandosi da bere).*
Quanto?

TOSCA. Il prezzo! ...

SCARPIA *(ride).*
Già. Mi dicon venal, ma a donna bella
(insinuante e con intenzione)
non mi vendo a prezzo di moneta.
Se la giurata fede
devo tradir, ne voglio altra mercede.
Quest'ora io l'attendeva.
Già mi struggea
l'amor della diva! ...
Ma poc'anzi ti mirai
qual non ti vidi mai!
(Eccitatissimo si alza.)
Quel tuo pianto era lava ai sensi miei
e il tuo sguardo
che odio in me dardeggiava,
mie brame inferociva!
Agil qual leopardo
t'avvinghiasti all'amante,
ah, in quell'istante
t'ho giurata mia! ...
(Si avvicina a Tosca stendendo le braccia; Tosca, che aveva

Und vorerst einen Schluck. Es ist ein Wein aus
Spanien ...
(Schenkt ein.)
Einen Schluck,
(liebenswürdig)
um Euch aufzumuntern.

TOSCA *(sitzt Scarpia gegenüber und fixiert ihn; sie stützt die Ellbogen auf den Tisch, hält ihren Kopf zwischen den Händen und fragt Scarpia im Ton tiefster Verachtung).*
Wieviel?

SCARPIA *(gleichmütig, während er sich einschenkt).*
Wieviel?

TOSCA. Den Preis! ...

SCARPIA *(lacht).*
Ja. Man nennt mich käuflich, aber einer schönen Frau
(einschmeichelnd und mit deutlicher Anspielung)
verkaufe ich mich nicht für Geld.
Wenn ich die geschworene Pflicht
brechen soll, will ich einen anderen Lohn dafür.
Auf diese Stunde habe ich gewartet.
Schon verzehrte mich
die Liebe zu der Diva!
Aber soeben sah ich dich,
wie ich dich nie zuvor sah!
(Erhebt sich in großer Erregung.)
Deine Tränen waren Lava für meine Sinne,
und dein Blick,
der mich mit Haß durchbohrte,
brachte meine Gier zum Rasen!
Geschmeidig wie ein Leopard
umschlangst du den Geliebten,
ah, in diesem Augenblick
schwor ich, du würdest mein! ...
(Nähert sich Tosca mit ausgebreiteten Armen; Tosca, die den zügellosen Worten Scarpias unbeweglich, wie verstei-

ascoltato immobile, impietrita, le lascive parole di Scarpia, s'alza di scatto e si rifugia dietro il canapè.)

TOSCA. Ah!
(Inorridita corre alla finestra.)

SCARPIA *(quasi inseguendola).*
Sì, t'avrò!

TOSCA *(accennando alla finestra).*
Ah! Piuttosto giù m'avvento!

SCARPIA *(freddamente).*
In pegno il Mario tuo mi resta! ...

TOSCA. Ah! miserabile ... L'orribil mercato! ...
(Le balena l'idea di recarsi presso la Regina e corre verso la porta.)

SCARPIA *(che ne indovina il pensiero, si tira in disparte).*
Violenza non ti farò.
Sei libera. Va pure.
(Tosca con un grido di gioia fa per uscire: Scarpia con un gesto e ridendo ironicamente la trattiene.)
Ma è fallace speranza: la regina
farebbe grazia ad un cadavere!
(Tosca retrocede spaventata, e fissando Scarpia si lascia cadere sul canapè; poi stacca gli occhi da Scarpia con un gesto di supremo disgusto e di odio.)
Come tu m'odii!

TOSCA *(con tutto l'odio e il disprezzo).*
Ah! Dio! ...

SCARPIA *(avvicinandosele).*
Così, così, ti voglio!

TOSCA *(esasperata).*
Non toccarmi, demonio; t'odio, t'odio,
abbietto, vile!
(Fugge da Scarpia inorridita.)

SCARPIA. Che importa?
(Avvicinandosele ancor più.)
Spasimi d'ira e spasimi d'amore!

nert zugehört hat, springt jäh auf und flüchtet hinter das Sofa.)

TOSCA. Ah!

(Entsetzt läuft sie zum Fenster.)

SCARPIA *(sie gleichsam verfolgend).*
Ja, ich will dich haben!

TOSCA *(auf das Fenster zeigend).*
Ah! Lieber stürz ich mich hinunter!

SCARPIA *(kalt).*
Mir bleibt dein Mario als Pfand! ...

TOSCA. Ah! Elender ... Dieser gräßliche Handel! ...

(Es durchzuckt sie der Gedanke, sich zur Königin zu begeben, und sie läuft zur Tür.)

SCARPIA *(errät ihre Absicht, hält sich zurück).*
Ich tu dir keine Gewalt an.
Du bist frei. Geh nur.

(Tosca will mit einem Freudenschrei davongehen: Scarpia hält sie spöttisch lachend mit einer Geste zurück.)

Doch die Hoffnung trügt: Die Königin
würde eine Leiche begnadigen!

(Tosca weicht entsetzt zurück, starrt Scarpia an und läßt sich auf das Sofa fallen; dann wendet sie den Blick mit einer Gebärde tiefsten Abscheus und Hasses von Scarpia ab.)

Wie du mich haßt!

TOSCA *(voller Haß und Abscheu).*
Ah! Gott! ...

SCARPIA *(nähert sich ihr).*
So, ja so will ich dich!

TOSCA *(aufgebracht).*
Rühr mich nicht an, Satan; ich hasse, hasse dich,
du Teufel, Scheusal!

(Weicht entsetzt vor Scarpia zurück.)

SCARPIA. Was soll das?

(Kommt ihr noch näher.)

Flammen des Zorns, Flammen der Liebe!

TOSCA. Vile!!

SCARPIA. Mia!!

(Cerca di afferrarla.)

TOSCA. Vile!

(Si ripara dietro la tavola.)

SCARPIA *(urlato).*

Mia . . .

TOSCA. Aiuto! aiuto! aiuto!

(Un lontano rullo di tamburi a poco a poco si avvicina poi si dilegua lontano.)

SCARPIA *(declamato).*

Odi?
È il tamburo. S'avvia. Guida la scorta
ultima ai condannati. Il tempo passa!

(Tosca, dopo aver ascoltato con ansia terribile, si allontana dalla finestra e si appoggia, estenuata, al canapè.)

Sai quale oscura opra laggiù si compia?
Là si drizza un patibolo.

(Tosca fa un movimento di disperazione e di spavento. – Avvicinandosele.)

Al tuo Mario,
per tuo voler, non resta che un'ora di vita.

(Freddamente si appoggia ad un angolo della tavola continuando a guardare Tosca.)

TOSCA *(affranta dal dolore, si lascia cadere sul canapè. Freddamente Scarpia va ad appoggiarsi ad un angolo della tavola, si versa il caffè e lo assorbe mentre continua a guardare Tosca).*

Vissi d'arte, vissi d'amore,
non feci mai male ad anima viva!
Con man furtiva
quante miserie conobbi, aiutai.
Sempre con fe' sincera
la mia preghiera
ai santi tabernacoli salì,
sempre con fe' sincera

TOSCA. Scheusal!

SCARPIA. Mein!!

(Will sie packen.)

TOSCA. Scheusal!

(Flieht hinter den Tisch.)

SCARPIA *(heiser).*

Mein . . .

TOSCA.

Hilfe! Hilfe! Hilfe!

(Ferner Trommelschlag kommt immer näher; entfernt sich dann wieder.)

SCARPIA *(emphatisch).*

Hörst du?

Das ist die Trommel. Es geht los. Sie gibt den Verurteilten das letzte Geleit. Die Zeit eilt!

(Tosca, die in schrecklicher Angst gelauscht hat, entfernt sich vom Fenster und lehnt sich kraftlos auf das Sofa.)

Weißt du, welch düstre Arbeit da unten erledigt wird?

Man richtet einen Galgen auf.

(Tosca macht eine Bewegung der Verzweiflung und der Angst. – Er nähert sich ihr.)

Deinem Mario

bleibt nach deinem Willen nur noch eine Stunde zu leben.

(Ungerührt stützt er sich auf eine Tischecke, wobei er Tosca unablässig beobachtet.)

TOSCA *(läßt sich schmerzgebrochen auf das Sofa fallen. Scarpia schenkt sich Kaffee ein und trinkt, während er Tosca unausgesetzt beobachtet).*

Ich lebte für die Kunst, lebte für die Liebe,
tat keinem Lebewesen was zuleide!
Mit diskreter Hand
habe ich, wo ich Elend sah, geholfen.
Immer in aufrichtigem Glauben
sandte ich mein Gebet
hinauf zu den heiligen Tabernakeln,
immer in aufrichtigem Glauben

(alzandosi)
diedi fiori agli altar.
Nell'ora del dolore
perché, perché, Signore,
perché me ne rimuneri così?
Diedi gioielli
della Madonna al manto,
e diedi il canto
agli astri, al ciel, che ne ridean più belli.
Nell'ora del dolor
perché, perché, Signor,
perché me ne rimuneri così? *(Singhiozzando.)*
SCARPIA. Risolvi!
TOSCA. Mi vuoi supplice a' tuoi piedi?
(Inginocchiandosi innanzi a Scarpia.)
Vedi,
le man giunte io stendo a te!
E merce',
(con accento disperato, avvilita)
vinta, aspetto d'un tuo detto.
SCARPIA. Sei troppo bella, Tosca, e troppo amante.
Cedo. A misero prezzo
tu, a me una vita, io, a te chieggo un istante!
TOSCA *(alzandosi, con senso di gran disprezzo).*
Va, va, mi fai ribrezzo!
(Bussano alla porta.)
SCARPIA. Chi è là?
SPOLETTA *(entrando tutto frettoloso e trafelato).*
Eccellenza, l'Angelotti al nostro
giungere s'uccise.
SCARPIA. Ebben, lo si appenda
morto alle forche. E l'altro prigionier?
SPOLETTA. Il cavalier Cavaradossi? È tutto
pronto, Eccellenza.

(aufstehend)
schmückte ich den Altar mit Blumen.
In dieser Schmerzensstunde
warum, warum, o Herr
warum dankst du mir das so?
Ich gab Juwelen
für den Mantel der Madonna,
gab meinen Gesang
für die Sterne, für den Himmel, noch schöner sollten sie strahlen.
In dieser Schmerzensstunde,
warum, warum, o Herr,
warum dankst du mir das so? *(Schluchzt.)*

SCARPIA. Entschließ dich!

TOSCA. Willst du mich flehend dir zu Füßen?
(Wirft sich vor Scarpia nieder.)
Sieh,
die gefalteten Hände streck ich dir entgegen!
Und Gnade
(in verzweifeltem Ton, demütig)
erwarte ich, besiegt, aus deinem Mund.

SCARPIA. Du bist zu schön, Tosca, und zu liebenswert.
Ich gebe nach. Für einen geringen Preis
forderst du von mir ein Leben, ich von dir nur einen Augenblick!

TOSCA *(steht auf, im Gefühl tiefen Abscheus).*
Fort, fort, mir ekelt vor dir!
(Es klopft an der Tür.)

SCARPIA. Wer ist da?

SPOLETTA *(tritt hastig und atemlos ein).*
Euer Gnaden, Angelotti hat sich,
als wir kamen, selbst getötet.

SCARPIA. Gut, so hängt ihn
tot an den Galgen. Und der andere Gefangene?

SPOLETTA. Der Cavaliere Cavaradossi? Alles
ist bereit, Euer Gnaden.

TOSCA *(fra sé).*
Dio! m'assisti! ...
SCARPIA *(a Spoletta).*
Aspetta.
(Piano a Tosca.)
Ebbene? ...
(Tosca accenna di sì col capo, poi, piangendo dalla vergogna, affonda la testa fra i cuscini del canapè. – A Spoletta.)
Odi ...
TOSCA *(interrompendo subito Scarpia).*
Ma libero all'istante
lo voglio ...
SCARPIA *(a Tosca).*
Occorre simular. Non posso
far grazia aperta. Bisogna che tutti
abbian per morto il cavalier.
(Accenna a Spoletta.)
Quest'uomo fido provvederà.
TOSCA.
Chi m'assicura?
SCARPIA. L'ordin che gli darò voi qui presente.
(A Spoletta.)
Spoletta: chiudi.
(Spoletta frettolosamente va a chiudere, poi ritorna presso Scarpia.
Scarpia fissa con intenzione Spoletta che accenna replicatamente col capo di indovinare il pensiero di Scarpia.)
Ho mutato d'avviso.
Il prigionier sia fucilato ...
attendi ...
Come facemmo del conte Palmieri.
SPOLETTA. Un'uccisione ...
SCARPIA *(subito con marcata intenzione).*
... simulata! ... Come
avvenne del Palmieri! ... Hai ben compreso?

TOSCA *(für sich).*
Gott! Steh mir bei! ...
SCARPIA *(zu Spoletta).*
Warte.
(Leise zu Tosca.)
Nun? ...
(Tosca nickt zustimmend, dann vergräbt sie, weinend vor Scham, den Kopf in den Sofakissen. – Zu Spoletta.)
Hör zu ...
TOSCA *(ihn jäh unterbrechend).*
Aber sofort frei
will ich ihn haben ...
SCARPIA *(zu Tosca).*
Wir müssen den Schein wahren. Ich kann
nicht öffentlich jemanden begnadigen. Alle müssen
den Cavaliere für tot halten.
(Zeigt auf Spoletta.)
Dieser Getreue wird dafür sorgen.
TOSCA.
Wer bürgt mir dafür?
SCARPIA. Der Befehl, den ich ihm in Eurer Gegenwart gebe.
(Zu Spoletta.)
Spoletta: schließ ab.
(Spoletta geht rasch zur Tür und schließt sie, dann kommt er zurück zu Scarpia.
Scarpia blickt Spoletta bedeutungsvoll an, der mehrmals mit dem Kopf nickt, da er Scarpias Absicht verstanden hat.)
Ich habe meine Meinung geändert.
Der Gefangene wird erschossen ...
warte ...
wie wir es beim Grafen Palmieri machten.
SPOLETTA. Eine Hinrichtung ...
SCARPIA *(noch mit besonderer Betonung).*
... zum Schein! ... Wie
bei Palmieri! ... Du hast verstanden?

SPOLETTA. Ho ben compreso.
SCARPIA. Va.
TOSCA *(che ha ascoltato avidamente, interviene).*
Voglio avvertirlo io stessa.
SCARPIA. E sia.
(A Spoletta, indicando Tosca.)
Le darai passo.
(Marcando intenzionalmente.)
Bada: all'ora quarta.
SPOLETTA *(con intenzione).*
Sì. Come Palmieri.
(Spoletta parte. Scarpia, ritto presso la porta ascolta Spoletta allontanarsi, poi trasformato nel viso e nei gesti si avvicina con grande passione a Tosca.)
SCARPIA. Io tenni la promessa …
TOSCA *(arrestandolo).*
Non ancora.
Voglio un salvacondotto, onde fuggir
dallo Stato con lui.
SCARPIA *(con galanteria).*
Partir dunque volete?
TOSCA *(con accento convinto).*
Sì, per sempre!
SCARPIA. Si adempia il voler vostro.
(Va allo scrittoio: si mette a scrivere, interrompendosi per domandare a Tosca.)
E qual via sceglietе?
TOSCA. La più breve!
SCARPIA. Civitavecchia?
TOSCA. Sì.
(Mentre Scarpia scrive, Tosca si è avvicinata alla tavola e colla mano tremante prende il bicchiere di vino di Spagna versato da Scarpia; ma nel portare il bicchiere alle labbra, scorge sulla tavola un coltello affilato ed a punta; dà una rapida occhiata a Scarpia che in quel momento è occupato a scrivere, e con infinite precauzioni cerca di impossessarsi

SPOLETTA. Ich habe verstanden.
SCARPIA. Geh.
TOSCA *(hat gespannt zugehört, tritt dazwischen).*
Ich will's ihm selber mitteilen.
SCARPIA. Auch gut.
(Zu Spoletta, auf Tosca zeigend.)
Laß sie passieren.
(Mit besonderer Betonung.)
Paß auf: um vier Uhr.
SPOLETTA *(betont).*
Ja. Wie Palmieri.
(Spoletta ab. Scarpia steht bei der Tür und horcht, wie Spoletta sich entfernt, dann geht er, in Miene und Haltung verändert, voller Leidenschaft auf Tosca zu.)
SCARPIA. Ich hielt mein Versprechen ...
TOSCA *(hält ihn zurück).*
Noch nicht.
Ich will einen Passierschein, um mit ihm
aus dem Staat zu fliehen.
SCARPIA *(galant).*
Ihr wollt also abreisen?
TOSCA *(nachdrücklich).*
Ja, für immer!
SCARPIA. Euer Wunsch soll erfüllt werden.
(Er geht zum Schreibtisch: beginnt zu schreiben, hält inne und fragt Tosca.)
Und welche Route nehmt Ihr?
TOSCA. Die kürzeste!
SCARPIA. Civitavecchia?
TOSCA. Ja.
(Während Scarpia schreibt, hat sich Tosca dem Tisch genähert und nimmt mit zitternder Hand das Glas, das Scarpia für sie mit spanischem Wein gefüllt hat; als sie das Glas aber an die Lippen führt, bemerkt sie auf dem Tisch ein scharfes, spitzes Messer; sie blickt rasch zu Scarpia hinüber, der in diesem Moment mit Schreiben beschäftigt ist,

del coltello. Poi lo dissimula dietro di sé appoggiandosi alla tavola e sempre sorvegliando Scarpia. Questi ha finito di scrivere il salvacondotto, vi mette il sigillo, ripiega il foglio: quindi aprendo le braccia si avvicina a Tosca per avvincerla a sé.)

SCARPIA. Tosca, finalmente mia!
(Ma l'accento voluttuoso si cambia in un grido terribile: Tosca lo ha colpito in pieno petto. – Gridando.)
Maledetta!!!

TOSCA *(gridando).*
Questo è il bacio di Tosca!
(Scarpia, barcollando, cerca d'aggrapparsi a Tosca che indietreggia terrorizzata.)

SCARPIA *(con voce strozzata).*
Aiuto ... muoio ... soccorso ... muoio ...

TOSCA *(con odio a Scarpia che si dibatte inutilmente e cerca di rialzarsi aggrappandosi al canapè).*
Ti soffoca il sangue? Ah!
E ucciso da una donna ... M'hai assai
torturata?! Odi tu ancora? ... Parla!
Guardami! ...
Son Tosca, o Scarpia!

SCARPIA *(fa un ultimo sforzo, poi cade riverso).*
Soccorso! ... aiuto!

TOSCA.
Ti soffoca il sangue? ...
(Piegandosi sul viso di Scarpia.)
Muori, dannato! muori!! muori!!!
(Vedendolo immobile.)
È morto ... Or gli perdono! ...
(Senza togliere lo sguardo dal cadavere di Scarpia, va al tavolo, prende una bottiglia d'acqua e inzuppando un tovagliolo si lava le dita, poi si ravvia i capelli guardandosi

und versucht mit größter Vorsicht, das Messer an sich zu nehmen. Dann verbirgt sie es hinter ihrem Rücken, stützt sich auf den Tisch und beobachtet unentwegt Scarpia. Dieser hat den Passierschein geschrieben, siegelt ihn und faltet das Blatt zusammen. Dann geht er mit ausgebreiteten Armen auf Tosca zu, um sie an sich zu ziehen.)

SCARPIA. Tosca, endlich mein!

(Aber sein gieriger Tonfall geht in einen furchtbaren Schrei über: Tosca hat ihm das Messer mitten in die Brust gestoßen. – Schreiend.)

Verfluchte!

TOSCA *(schreiend).*

Das ist Toscas Kuß!

(Scarpia taumelt und sucht sich an Tosca festzuklammern, die entsetzt zurückweicht.)

SCARPIA *(mit erstickter Stimme).*

Hilfe ... ich sterbe ... helft mir ... ich sterbe ...

TOSCA *(voller Haß zu Scarpia, der vergeblich um sich schlägt und sich am Sofa wieder aufzurichten versucht).*

Erstickst du im Blut? Ah!
Und von einer Frau getötet ... Hast du mich genug gequält?! Hörst du noch? ... Rede!
Sieh mich an! ...
Ich bin Tosca, o Scarpia!

SCARPIA *(macht eine letzte Anstrengung, dann fällt er rückwärts zu Boden).*

Helft mir! ... Hilfe!

TOSCA.

Erstickst du im Blut? ...
(Beugt sich über Scarpias Gesicht.)
Stirb, Verdammter! Stirb! Stirb!
(Sieht, daß er sich nicht mehr bewegt.)
Er ist tot ... Nun vergebe ich ihm! ...
(Ohne den Blick von Scarpias Leiche zu wenden, geht sie zum Tisch, nimmt eine Wasserflasche, befeuchtet eine Serviette und wäscht sich die Finger, dann ordnet sie vor

allo specchio. Si sovviene del salvacondotto, lo cerca sullo scrittoio, ma non lo trova; lo cerca ancora, finalmente lo vede nella mano raggrinzita di Scarpia. Gli solleva il braccio, che poi lascia cadere inerte, dopo aver tolto il salvacondotto che nasconde in petto.)

E avanti a lui tremava tutta Roma!

(Si avvia per uscire, ma si pente, va a prendere le due candele che sono sulla mensola a sinistra e le accende al candelabro sulla tavola spegnendo poi questo. Colloca una candela accesa a destra della testa di Scarpia, mette l'altra a sinistra. Cerca di nuovo intorno e vedendo un crocifisso va a staccarlo dalla parete e portandolo religiosamente si inginocchia per posarlo sul petto di Scarpia. Si alza e con grande precauzione esce, richiudendo dietro a sé la porta.)

dem Spiegel ihr Haar. Sie erinnert sich an den Passierschein, sucht ihn auf dem Schreibtisch, aber findet ihn nicht, sucht weiter, endlich sieht sie ihn in Scarpias verkrampfter Hand. Sie hebt seinen Arm hoch und läßt ihn wieder fallen, nachdem sie den Passierschein an sich genommen und im Ausschnitt verborgen hat.)

Und vor dem zitterte ganz Rom!

(Will gehen, zögert aber, nimmt die beiden Kerzen vom kleinen Tisch links, entzündet sie an dem Kandelaber auf der Tafel und löscht sodann dessen Kerzen aus. Sie stellt eine brennende Kerze rechts, die andere links von Scarpias Kopf auf. Suchend blickt sie weiter umher, entdeckt ein Kruzifix, nimmt es von der Wand, trägt es andächtig herbei und kniet nieder, um es auf Scarpias Brust zu legen. Sie erhebt sich und geht mit großer Vorsicht hinaus, die Tür hinter sich schließend.)

Atto terzo

La piattaforma di Castel Sant'Angelo.

A sinistra, una casamatta: vi è collocata una tavola, sulla quale stanno una lampada, un grosso registro e l'occorrente per scrivere; una panca, una sedia. Su di una parete della casamatta un crocifisso: davanti a questo è appesa una lampada. A destra, l'apertura di una piccola scala per la quale si ascende alla piattaforma.

Nel fondo, il Vaticano e S. Pietro.

Notte. Cielo sereno, scintillante di stelle. Si odono, lontane, le campanelle d'un armento; di mano in mano vanno sempre più affievolendosi.

UN PASTORE *(a voce spiegata, ma molto lontano).*

Io de' sospiri
te ne rimanno tanti
pe' quante foje
ne smoveno li venti.
Tu mme disprezzi,
io me ci accoro;
lampena d'oro,
me fai morir!

(Luce incerta e grigia che precede l'alba.
Un Carceriere con una lanterna sale dalla scala, va alla casamatta e vi accende la lampada sospesa davanti al crocifisso, poi quella sulla tavola. Poi va in fondo alla piattaforma e guarda giù nel cortile sottostante per vedere se giunge il picchetto dei soldati, col condannato. Si incontra con una sentinella che percorre tutt'all'intorno la piattaforma e scambiate colla stessa alcune parole, ritorna alla casamatta, siede ed aspetta mezzo assonnato. Un pic-

Dritter Akt

Die Plattform der Engelsburg.

Links eine Kasematte: darin steht ein Tisch, auf dem sich eine Lampe, ein dickes Register und Schreibzeug befinden; eine Bank, ein Stuhl. An einer Wand der Kasematte ein Kruzifix: davor hängt eine Lampe. Rechts die Bodenöffnung einer kleinen Treppe, über die man auf die Plattform gelangt.

Im Hintergrund der Vatikan und die Peterskirche. Nacht. Der Himmel ist klar, die Sterne funkeln. Man hört in der Ferne die Glocken einer Herde, die nach und nach immer schwächer werden.

EIN HIRT *(mit klarer Stimme, aber weit entfernt).*

Ich send Seufzer
dir so viele,
wie die Blätter,
die im Winde wehen.
Du verschmähst mich,
ich muß leiden;
Sonnenlicht,
bringst mir den Tod!

(Ein unbestimmtes graues Dämmerlicht, das dem Tag vorausgeht.
Ein Aufseher mit einer Laterne kommt die Treppe herauf, geht zur Kasematte und entzündet dort die Leuchte vor dem Kruzifix, dann die auf dem Tisch. Dann geht er in den hinteren Teil der Plattform und sieht in den Hof hinab, um nach den Soldaten mit dem Verurteilten Ausschau zu halten. Er trifft auf einen Wachsoldaten, der auf der Plattform umhergeht, und wechselt einige Worte mit ihm, kehrt zur Kasematte zurück, setzt sich und wartet schlaftrunken. Ein Trupp Soldaten, geführt von einem

chetto, comandato da un Sergente di guardia, sale sulla piattaforma accompagnando Cavaradossi; il picchetto si arresta ed il Sergente conduce Cavaradossi nella casamatta. Alla vista del Sergente, il Carceriere s'alza, salutandolo; il Sergente consegna un foglio al Carceriere. Il Carceriere esamina il foglio, apre il registro e vi scrive mentre interroga.)

Il Carceriere. Cavaradossi. Un Sergente. Soldati.

CARCERIERE. Mario Cavaradossi?
(Cavaradossi china il capo, assentendo. Il Carceriere porge la penna al Sergente.)
A voi.
(Il Sergente firma il registro, poi parte coi soldati, scendendo per la scala. – A Cavaradossi.)
Vi resta un'ora.
Un sacerdote i vostri cenni attende.

CAVARADOSSI.
No. Ma un'ultima grazia
io vi richiedo.

CARCERIERE. Se posso …

CAVARADOSSI. Io lascio al mondo
una persona cara. Consentite
ch'io le scriva un sol motto.
(Togliendosi dal dito un anello.)
Unico resto
di mia ricchezza è questo
anel … Se promettete
di consegnarle il mio
ultimo addio,
esso è vostro …

CARCERIERE *(titubа un poco, poi accetta e facendo cenno*

wachhabenden Sergeanten, steigt mit Cavaradossi auf die Plattform; die Soldaten machen Halt, und der Sergeant führt Cavaradossi in die Kasematte. Beim Anblick des Sergeanten erhebt sich der Aufseher und salutiert; der Sergeant überreicht dem Aufseher ein Blatt. Der Aufseher liest es, schlägt das Register auf und schreibt, während er fragt.)

Der Aufseher. Cavaradossi. Ein Sergeant. Soldaten.

AUFSEHER. Mario Cavaradossi?
(Cavaradossi nickt bejahend. Der Aufseher reicht die Feder dem Sergeanten.)
Nun Ihr.
(Der Sergeant unterschreibt das Register, dann steigt er mit den Soldaten die Treppe wieder hinab. – Zu Cavaradossi.)
Euch bleibt noch eine Stunde.
Ein Priester wartet auf Euren Wink.

CAVARADOSSI.
Nein. Aber um einen letzten Gefallen
bitte ich Euch.

AUFSEHER. Wenn ich kann ...

CAVARADOSSI. Ich lasse auf Erden
einen geliebten Menschen zurück. Erlaubt,
daß ich ihr eine Zeile schreibe.
(Streift einen Ring vom Finger.)
Der letzte Rest
meines Reichtums ist dieser
Ring ... Wenn Ihr versprecht,
ihr mein letztes Lebewohl
zu bestellen,
gehört er Euch ...

AUFSEHER *(zaudert einen Moment, dann nimmt er ihn, be-*

a Cavaradossi di sedere alla tavola, va a sedere sulla panca). Scrivete.

CAVARADOSSI *(rimane alquanto pensieroso, quindi si mette a scrivere ... ma dopo tracciate alcune linee è invaso dalle rimembranze e si arresta dallo scrivere. – Pensando.)*
E lucevan le stelle ... e olezzava
la terra ... stridea l'uscio
dell'orto ... e un passo sfiorava la rena.
Entrava ella, fragrante,
mi cadea fra le braccia.
Oh! dolci baci, o languide carezze,
mentr'io fremente
le belle forme disciogliea dai veli!
Svanì per sempre il sogno mio d'amore ...
L'ora è fuggita
e muoio disperato! ...
E non ho amato mai tanto la vita!
(Scoppia in singhiozzi coprendosi il volto colle mani.
Dalla scala viene Spoletta accompagnato dal Sergente e seguito da Tosca; il Sergente porta una lanterna.
Spoletta accenna a Tosca ove trovasi Cavaradossi, poi chiama a sé il Carceriere: con questi e col Sergente ridiscende, non senza avere prima dato ad una sentinella, che sta in fondo, l'ordine di sorvegliare il prigioniero.)

deutet Cavaradossi, sich an den Tisch zu setzen, und setzt sich auf die Bank). Schreibt.

CAVARADOSSI *(verharrt eine Zeitlang in Gedanken, dann beginnt er zu schreiben ... aber nach einigen Zeilen wird er von Erinnerungen überwältigt und hört auf zu schreiben. – Nachdenklich).*
Und es leuchteten die Sterne ... und es duftete
die Erde ... es knarrte
die Gartentür ... und Schritte streiften über den Sand.
Sie trat ein, duftend,
sank mir in die Arme.
Oh! Süße Küsse, o sehnsüchtiges Kosen,
indes ich bebend
den schönen Körper enthüllte!
Für immer ist mein Liebestraum verflogen ...
Die Stunde ist vorbei
und ich sterbe verzweifelt! ...
Und hab das Leben niemals so sehr geliebt!
(Er bricht in Schluchzen aus und bedeckt das Gesicht mit den Händen.
Spoletta kommt die Treppe herauf, begleitet von dem Sergeanten und gefolgt von Tosca; der Sergeant trägt eine Laterne.
Spoletta zeigt Tosca, wo sich Cavaradossi befindet, ruft dann den Aufseher zu sich: mit ihm und dem Sergeanten steigt er wieder hinab, nachdem er einem im Hintergrund stehenden Wachsoldaten befohlen hat, den Gefangenen im Auge zu behalten.)

Tosca, che in questo frattempo è rimasta agitatissima, vede Cavaradossi che piange; si slancia presso a lui, e non potendo parlare per la grande commozione, gli solleva colle due mani la testa, presentandogli in pari tempo il salvacondotto. Cavaradossi, alla vista di Tosca, balza in piedi sorpreso, poi legge il foglio che gli presenta Tosca.

CAVARADOSSI *(legge).*
»Franchigia a Floria Tosca ...
TOSCA *(leggendo insieme con lui, con voce affannosa e convulsa).*
... e al cavaliere
che l'accompagna.«
(A Cavaradossi, con entusiasmo.)
Sei libero! ...
CAVARADOSSI *(guarda il foglio; ne legge la firma).*
Scarpia! ...
Scarpia che cede? la prima
sua grazia è questa ...
(Guardando Tosca con intenzione.)
TOSCA. E l'ultima!
(Riprende il salvacondotto e lo ripone in una borsa.)
CAVARADOSSI. Che dici? ...
TOSCA *(scattando).*
Il tuo sangue o il mio amore
volea. Fur vani scongiuri e pianti.
Invan, pazza d'orror,
alla Madonna mi volsi e ai Santi ...
L'empio mostro
dicea: già
nei cieli il patibol le braccia leva!
Rullavano i tamburi ...
Rideva, l'empio mostro ... rideva ...
già la sua preda pronto a ghermir!
»Sei mia?« – »Sì.« – Alla sua brama
mi promisi. Lì presso

Tosca, unterdessen in höchster Erregung, sieht Cavaradossi weinen; sie eilt zu ihm, hebt, da sie vor Ergriffenheit nicht sprechen kann, seinen Kopf mit beiden Händen und zeigt ihm dabei den Passierschein. Cavaradossi springt, sobald er Tosca sieht, überrascht auf, dann liest er das Schreiben in ihren Händen.

CAVARADOSSI *(liest).*
»Freies Geleit für Floria Tosca ...
TOSCA *(liest gemeinsam mit ihm, angestrengt, mit keuchender Stimme).*
... und den Cavaliere,
der sie begleitet.«
(Zu Cavaradossi, begeistert.)
Du bist frei! ...
CAVARADOSSI *(betrachtet das Blatt; liest die Unterschrift).*
Scarpia! ...
Scarpia gibt nach? Das ist
sein erster Gnadenakt ...
(Sieht Tosca befremdet an.)
TOSCA. Und der letzte!
(Nimmt den Passierschein und steckt ihn in einen Beutel.)
CAVARADOSSI. Was sagst du? ...
TOSCA *(losbrechend).*
Dein Blut oder meine Liebe
wollte er. Vergeblich waren Bitten und Tränen.
Vergebens flehte ich, wahnsinnig vor Grauen,
zur Madonna und den Heiligen ...
Das gottlose Scheusal
sagte: Schon ragt
der Galgen zum Himmel auf!
Die Trommeln rollten ...
Er lachte, das gottlose Scheusal ... er lachte ...
schon bereit, seine Beute zu verschlingen!
»Bist du mein?« – »Ja.« – Seiner Lust
versprach ich mich. Da blitzte

luccicava una lama . . .
Ei scrisse il foglio liberator,
venne all'orrendo amplesso . . .
Io quella lama gli piantai nel cor.

CAVARADOSSI. Tu? . . . di tua man l'uccidesti! tu pia,
tu benigna, e per me!

TOSCA. N'ebbi le man
tutte lorde di sangue! . . .

CAVARADOSSI *(prendendo amorosamente fra le sue le mani di Tosca).*
O dolci mani mansuete e pure,
o mani elette a bell'opre e pietose,
a carezzar fanciulli, a coglier rose,
a pregar, giunte, per le sventure,
dunque in voi, fatte dall'amor secure,
giustizia le sue sacre armi depose?
Voi deste morte, o man vittorïose,
o dolci mani mansuete e pure! . . .

TOSCA *(svincolando le mani).*
Senti . . . l'ora è vicina; io già raccolsi
(mostrando la borsa)
oro e gioielli . . . una vettura è pronta.
Ma prima . . . ridi, amor . . . prima sarai
fucilato – per finta – ad armi scariche.
Simulato supplizio. Al colpo . . . cadi.
I soldati sen vanno e noi siam salvi!
Poscia a Civitavecchia . . . una tartana . . .
e via pel mar!

CAVARADOSSI. Liberi!

TOSCA. Chi si duole
in terra più? Senti effluvi di rose?
Non ti par che le cose
aspettan tutte innamorate il sole? . . .

neben mir ein Messer auf ...
Er schrieb das rettende Blatt,
kam zur gräßlichen Umarmung ...
Ich stieß ihm das Messer ins Herz.

CAVARADOSSI. Du? ... Mit eigener Hand hast du ihn getötet! Du Fromme,
du Gütige, und für mich!

TOSCA. Meine Hände waren
ganz blutbeschmiert! ...

CAVARADOSSI *(nimmt Toscas Hände liebevoll in die seinen).*
O zarte Hände, sanft und unschuldig,
o Hände, zu Schönem und Gutem geschaffen,
Kinder zu streicheln, Rosen zu pflücken,
gefaltet für Unglückliche zu beten,
also in Euch, die die Liebe gestärkt,
hat Gerechtigkeit ihre heiligen Waffen gelegt?
Ihr habt getötet, o siegreiche Hände,
o zarte Hände, sanft und unschuldig! ...

TOSCA *(zieht ihre Hände zurück).*
Hör zu ... die Stunde naht; Gold und Juwelen
(zeigt ihren Beutel)
hab ich schon zusammengerafft ... ein Wagen steht bereit.
Aber vorher ... lach nur, Liebster ... vorher wirst du
erschossen – zum Schein – mit ungeladenen Waffen.
Eine vorgetäuschte Hinrichtung. Beim Schuß ... fällst du.
Die Soldaten gehen, und wir sind gerettet!
Dann nach Civitavecchia ... auf ein Boot ...
und fort übers Meer!

CAVARADOSSI. Frei!

TOSCA. Wer quält sich
noch auf Erden? Spürst du den Rosenduft?
Ist dir nicht auch, als erwarte
alles ganz verliebt die Sonne? ...

CAVARADOSSI *(colla più tenera commozione).*
Amaro sol per te m'era il morire,
da te prende la vita ogni splendore;
all'esser mio la gioia ed il desire
nascon di te, come di fiamma ardore.
Io folgorare i cieli e scolorire
vedrò nell'occhio tuo rivelatore,
e la beltà delle cose più mire
avrà sol da te voce e colore.

TOSCA. Amor che seppe a te vita serbare
ci sarà guida in terra, in mar nocchiere
e vago farà il mondo a riguardare.
Finché congiunti alle celesti sfere
dileguerem, siccome alte sul mare
a sol cadente, nuvole leggere!
(Rimangono commossi, silenziosi: poi Tosca, chiamata dalla realtà delle cose, si guarda attorno inquieta.)
E non giungono . . .
(Si volge a Cavaradossi con premurosa tenerezza.)
Bada!
al colpo egli è mestiere
che tu subito cada.

CAVARADOSSI *(la rassicura).*
Non temere
che cadrò sul momento – e al naturale.

TOSCA *(insistendo).*
Ma stammi attento – di non farti male!
Con scenica scïenza
io saprei la movenza . . .

CAVARADOSSI *(la interrompe attirandola a sé).*
Parlami ancor come dianzi parlavi;
è così dolce il suon della tua voce!

TOSCA *(si abbandona quasi estatica, quindi a poco a poco accalorandosi).*
Uniti ed esultanti

CAVARADOSSI *(mit zärtlicher Rührung).*
Nur deinetwegen war mir das Sterben bitter,
von dir erhält das Leben allen Glanz;
Lebenslust und Freude entzündest du
in mir, wie die Flamme die Feuersbrunst.
Ich seh den Himmel erstrahlen und verblassen
in deinen belebenden Augen,
und der Reiz der wundervollsten Dinge
erhält durch dich erst Stimme und Farbe.
TOSCA. Die Liebe, die dein Leben rettete,
wird unser Führer sein auf dem Land, unser Lotse
auf dem Meer,
sie wird die Welt unserem Blick verschönen.
Bis wir gemeinsam zu den Himmelssphären
aufschweben, wie hoch über dem Meer
bei Sonnenuntergang die leichten Wölkchen!
(Sie verharren in entrücktem Schweigen: Dann wendet sich Tosca, in die Wirklichkeit zurückgerufen, unruhig um.)
Und sie kommen nicht ...
(Mit großer Zärtlichkeit zu Cavaradossi.)
Denk daran!
Beim Schuß mußt du
sofort fallen.
CAVARADOSSI *(sie beruhigend).*
Keine Angst,
ich fall sogleich – und ganz natürlich.
TOSCA *(nachdrücklich).*
Aber gib acht – tu dir nicht weh!
Mit meiner Bühnenerfahrung
wüßt ich wie ...
CAVARADOSSI *(unterbricht sie, indem er sie an sich zieht).*
Sprich noch einmal, wie du vorhin sprachst:
er ist so süß, der Klang deiner Stimme!
TOSCA *(in verzückter Hingabe, dann immer hitziger).*
Vereint und jubelnd

diffonderem pel mondo i nostri amori
armonie di colori . . .

CAVARADOSSI *(esaltandosi).*
. . . armonie di canti diffonderem.

TOSCA, CAVARADOSSI *(con grande entusiasmo).*
Trionfal
di nova speme
l'anima freme
in celestial
crescente ardor.
Ed in armonico vol
già l'anima va
all'estasi d'amor.

TOSCA.
Gli occhi ti chiuderò con mille baci
e mille ti dirò nomi d'amore.
(Frattanto dalla scaletta è salito un drappello di soldati: lo comanda un ufficiale, il quale schiera i soldati nel fondo: seguono Spoletta, il Sergente, il Carceriere. Spoletta dà le necessarie istruzioni. Il cielo si fa più luminoso; è l'alba: suonano le 4. Il Carceriere si avvicina a Cavaradossi e togliendosi il berretto gli indica l'Ufficiale.)

CARCERIERE. L'ora!

CAVARADOSSI. Son pronto.
(Il Carceriere prende il registro dei condannati e parte dalla scaletta.)

TOSCA *(a Cavaradossi, con voce bassissima e ridendo di soppiatto).*
Tienti a mente: al primo
colpo giù . . .

CAVARADOSSI *(sottovoce, ridendo esso pure).*
Giù.

TOSCA. Né rialzarti innanzi
ch'io ti chiami.

CAVARADOSSI. No, amore!

schenken wir der Welt unsere Liebe,
Harmonien der Farben ...

CAVARADOSSI *(sich begeisternd).*
... und Harmonien des Gesanges schenken wir.

TOSCA, CAVARADOSSI *(mit großer Begeisterung).*
Triumphierend,
neuer Hoffnung,
erbebt die Seele
in göttlicher,
wachsender Glut.
Und in gemeinsamem Flug
steigt sie schon
zum Liebesrausch auf.

TOSCA.
Die Augen werd ich dir mit tausend Küssen schließen
und dir tausend liebe Worte sagen.
(Unterdessen ist eine Abteilung Soldaten die Treppe heraufgestiegen; ein Offizier befehligt sie und läßt sie im Hintergrund antreten. Es folgen Spoletta, der Sergeant und der Aufseher. Spoletta gibt die nötigen Anweisungen. Der Himmel wird immer heller; es wird Tag: Es schlägt die vierte Morgenstunde. Der Aufseher nähert sich Cavaradossi, zieht die Mütze und deutet auf den Offizier.)

AUFSEHER. Es ist soweit!

CAVARADOSSI. Ich bin bereit.
(Der Aufseher nimmt das Register der Verurteilten und steigt die Treppe hinab.)

TOSCA *(zu Cavaradossi, sehr leise und mit verstohlenem Lachen).*
Denk daran: Beim ersten
Schuß fallen ...

CAVARADOSSI *(leise, ebenfalls lachend).*
Fallen.

TOSCA. Und steh nicht auf,
bevor ich dich rufe.

CAVARADOSSI. Nein, Geliebte!

TOSCA. E cadi bene.
CAVARADOSSI *(sorridendo).*
Come la Tosca in teatro.
TOSCA *(vedendolo sorridere).*
Non ridere . . .
CAVARADOSSI *(serio).*
Così?
TOSCA. Così.
(Cavaradossi segue l'Ufficiale dopo aver salutato Tosca, la quale si colloca a sinistra nella casamatta, in modo però di poter spiare quanto succede sulla piattaforma. Essa vede l'Ufficiale ed il Sergente che conducono Cavaradossi presso al muro di faccia a lei; il Sergente vuol porre la benda agli occhi di Cavaradossi; questo, sorridendo, rifiuta. Tali lugubri preparativi stancano la pazienza di Tosca.)
TOSCA. Già sorge il sole . . .
Perché indugiano ancora? . . . è una commedia,
lo so . . . ma questa angoscia eterna pare! . . .
(L'Ufficiale e il Sergente dispongono il plotone dei soldati, impartendo gli ordini relativi.)
Ecco! . . . apprestano l'armi . . . Com'è bello
il mio Mario! . . .
(Vedendo l'Ufficiale che sta per abbassare la sciabola, si porta le mani agli orecchi per non udire la detonazione. Scarica di fucili.
Poi fa cenno colla testa a Cavaradossi di cadere, dicendo.)
Là! muori! . . .
(Vedendolo a terra, gli invia colle mani un bacio.)
Ecco un artista! . . .
(Il Sergente si avvicina al caduto e lo osserva attentamente: Spoletta pure si è avvicinato; allontana il Sergente impedendogli di dare il colpo di grazia, quindi copre Cavaradossi con un mantello. L'Ufficiale allinea i soldati; il

TOSCA. Und fall richtig.

CAVARADOSSI *(lächelnd).*

Wie die Tosca auf der Bühne.

TOSCA *(bemerkt Cavaradossis Lächeln).*

Lach nicht ...

CAVARADOSSI *(ernst).*

So?

TOSCA. So.

(Cavaradossi folgt dem Offizier, nachdem er sich von Tosca verabschiedet hat, die nach links in die Kasematte geht, von wo aus sie alles verfolgen kann, was auf der Plattform geschieht. Sie sieht, wie der Offizier und der Sergeant Cavaradossi zu der ihr gegenüberliegenden Mauer führen; der Sergeant will Cavaradossi die Augen verbinden; dieser lehnt lächelnd ab. Diese düsteren Vorbereitungen ermüden Toscas Geduld.)

TOSCA. Schon geht die Sonne auf ...

Warum zögern sie noch? ... Es ist eine Komödie,
ich weiß ... aber diese Angst scheint endlos! ...

(Der Offizier und der Sergeant stellen das Hinrichtungskommando auf und erteilen die entsprechenden Befehle.)

Da! ... Sie heben die Gewehre ... Wie schön
mein Mario ist! ...

(Sieht, daß der Offizier den Säbel senken will, und hält sich die Ohren zu, um die Detonation nicht zu hören. Gewehrsalve.

Dann macht sie Mario mit dem Kopf ein Zeichen, er solle fallen, und sagt.)

Jetzt! stirb! ...

(Sieht ihn am Boden liegen, wirft ihm eine Kußhand zu.)

Das ist ein Künstler! ...

(Der Sergeant nähert sich dem Gefallenen und betrachtet ihn aufmerksam: Spoletta kommt auch hinzu, er hält den Sergeanten fern und hindert ihn, den Gnadenschuß zu geben, dann bedeckt er Cavaradossi mit einem Mantel. Der Offizier läßt die Soldaten antreten; der Sergeant

Sergente ritira la sentinella che sta in fondo, poi tutti, preceduti da Spoletta, scendono la scala. Tosca è agitatissima: ha sorvegliato tutti quei movimenti temendo che Cavaradossi, per impazienza, si muova o parli prima del momento opportuno. – A voce repressa, verso Cavaradossi.)
O Mario, non ti muovere.
S'avviano . . . taci! vanno . . . scendono.
(Parendole che i soldati ritornino sulla piattaforma, di nuovo si rivolge a Cavaradossi.)
Ancora non ti muovere . . .
(Corre al parapetto e cautamente sporgendosi, osserva di sotto. – Corre verso Cavaradossi.)
Mario, su presto! Andiamo! . . . Andiamo! . . . Su!
(Si china per aiutare Cavaradossi a rialzarsi: a un tratto dà un grido soffocato di terrore, di sorpresa e si guarda le mani colle quali ha sollevato il mantello.)
Ah!
(Si inginocchia, toglie rapidamente il mantello e balza in piedi livida, atterrita.)
Morto! . . . morto! . . .
(Con incomposte parole, con sospiri, singhiozzi si butta sul corpo di Cavaradossi.)
O Mario . . . morto? tu? così? Finire
così? . . . così? . . . povera Floria tua!!!
(Intanto dal cortile al disotto del parapetto e su dalla piccola scala arrivano, prima confuse, poi sempre più vicine, le voci di Sciarrone, di Spoletta e di alcuni Soldati.)

LA VOCE DI SCIARRONE. Vi dico, pugnalato!
VOCI CONFUSE. Scarpia? . . .
LA VOCE DI SCIARRONE. Scarpia.
LA VOCE DI SPOLETTA. La donna è Tosca!
VARIE VOCI PIÙ VICINE. Che non sfugga!

zieht den im Hintergrund stehenden Wachsoldaten zurück, dann steigen alle hinter Spoletta die Treppe hinab. Tosca ist höchst erregt: Sie hat die ganze Aktion verfolgt und gefürchtet, Cavaradossi könnte sich aus Ungeduld zu früh bewegen oder sprechen. – Leise zu Cavaradossi.)
O Mario, beweg dich nicht.
Sie gehen ... schweig! Sie gehen ... steigen hinunter.
(Sie meint, die Soldaten könnten noch einmal auf die Plattform zurückkehren, und wendet sich erneut an Cavaradossi.)
Beweg dich noch nicht ...
(Sie läuft zur Brüstung, lehnt sich vorsichtig darüber und guckt hinunter. – Sie eilt zu Cavaradossi.)
Mario, los, auf! Gehen wir! ... Gehen wir! ... Auf!
(Beugt sich hinab, um Cavaradossi beim Aufstehen zu helfen: plötzlich stößt sie einen unterdrückten Schrei des Entsetzens und der Überraschung aus und betrachtet ihre Hände, mit denen sie den Mantel angehoben hat.)
Ah!
(Kniet nieder, zieht schnell den Mantel weg und springt bleich und entsetzt auf.)
Tot! ... Tot! ...
(Mit wirren Worten, Seufzern und Schluchzen wirft sie sich über Cavaradossi.)
O Mario ... tot? Du? So? So
stirbst du? ... So? ... Deine arme Floria!
(Unterdessen dringen aus dem Hof unterhalb der Plattform und der kleinen Treppe, zuerst verworren, dann immer näher, die Stimmen Sciarrones, Spolettas und einiger Soldaten herauf.)

SCIARRONES STIMME. Ich sag euch, erstochen!

UNDEUTLICHE STIMMEN. Scarpia? ...

SCIARRONES STIMME. Scarpia.

SPOLETTAS STIMME. Die Frau ist Tosca!

VERSCHIEDENE NÄHERE STIMMEN.
Sie darf nicht entkommen!

LA VOCE DI SPOLETTA *(più vicina).*
Attenti agli sbocchi delle scale . . .
(Spoletta apparisce dalla scala, mentre Sciarrone dietro a lui gli grida additando Tosca.)
SCIARRONE. È lei!
SPOLETTA. Ah! Tosca, pagherai
ben cara la sua vita . . .
TOSCA. Colla mia!
(Spoletta fa per gettarsi su Tosca, ma essa balzando in piedi lo respinge così violentemente da farlo quasi cadere riverso nella botola della scala, quindi corre al parapetto e dall'alto grida.)
O Scarpia, avanti a Dio! . . .
(Si getta nel vuoto, Sciarrone ed alcuni soldati, saliti confusamente, corrono al parapetto e guardano giù. Spoletta rimane esterrefatto, allibito.)

(Sipario rapido.)

Fine

SPOLETTAS STIMME *(näher).*
Bewacht den Treppenabgang …
(Spoletta erscheint auf der Treppe, während Sciarrone hinter ihm auf Tosca zeigt und ihm zuruft.)
SCIARRONE. Sie war's!
SPOLETTA. Ah! Tosca, du sollst
sein Leben teuer bezahlen …
TOSCA. Mit dem meinen!
(Spoletta will sich auf Tosca stürzen, aber sie springt auf und stößt ihn so heftig zurück, daß er beinahe rücklings die Treppenöffnung hinunterfällt, dann läuft sie zur Mauerbrüstung und ruft von oben.)
O Scarpia, vor Gottes Thron! …
(Sie stürzt sich in die Tiefe, Sciarrone und einige Soldaten, die heraufgestürmt sind, eilen zur Brüstung und schauen hinunter. Spoletta steht starr vor Schrecken.)

(Der Vorhang fällt schnell.)

Ende

Nachwort

> Mit gebrochenem Becken, gebrochenen Rippen und anderen Verletzungen lag die amerikanische Opernsängerin Elizabeth Knighton Printy gestern im Krankenhaus, nachdem sie am Vorabend während einer *Tosca*-Aufführung in der Selbstmordszene das falsche Fenster erwischt hatte.
>
> dpa 26. 10. 1991

Kaum eine andere Oper bietet so viel Stoff für Anekdoten und ist so unfallträchtig wie Puccinis *Tosca*. Schon das Theaterstück von Victorien Sardou (1831–1908), die literarische Vorlage der Oper, hatte die Lebensfreude der berühmten Schauspielerin Sarah Bernhardt, für die es geschrieben war, reduziert. 1905 stürzte sie in einer Aufführung in Rio de Janeiro so unglücklich bei ihrem »Sprung von der Engelsburg«, daß sie sich ein Bein brach, das ihr später amputiert werden mußte. Trotzdem hörte sie nicht auf, das rasante Stück zu spielen, dessen großer Erfolg erst nachließ, als Puccinis Oper ein Welterfolg geworden war.

Puccinis *Tosca* (1900) ist nach Verdis *Aida* und Bizets *Carmen* die meistgespielte Oper der Welt. Der hohe Show-Wert dieses historischen Kriminalstücks, von den Komponisten der Jahrhundertwende noch als »Meistermachwerk« (Gustav Mahler) mit »Folterkammermusik« (Korngold) charakterisiert, ist dafür nur einer der Gründe. Ein anderer liegt in der Konstruktion einer Handlung, die so wahrscheinlich erscheint, daß sie bis in die Reiseführer hinein das Bild von Rom um 1800 geprägt hat. Dabei sind die erzählten Geschehnisse ausnahmslos erfunden und nur oberflächlich an historischen Ereignissen und Personen festzumachen. Es ist die Zeit des italienischen Feldzugs Napoleon Bonapartes, der als vorgeblicher Vertreter der Ideale der

Französischen Revolution auf der im Norden von den österreichischen Habsburgern, im Süden von den Bourbonen beherrschten apenninischen Halbinsel viele progressive italienische Patrioten für sich einzunehmen wußte und mit ihrer Hilfe eine Reihe von sogenannten »Schwesterrepubliken« gründete. Die im wesentlichen aus den Freimaurerlogen hervorgegangene italienische jakobinische Bewegung, die der Ausgangspunkt des Risorgimento (der italienischen Einigungsbewegung) war, bildete sich zwischen 1789 und 1795 heraus, konsolidierte sich von 1796 bis 1798 und verschwand unter den Schlägen der Reaktion 1799.

Die in Puccinis Oper historisch greifbarste Gestalt ist die des Cesare Angelotti, Konsul der römischen Republik. Es gab einen Liborio Angelucci, der mit vier Kollegen 1799 Konsul in der kurzfristig mit Hilfe der französischen Armee errichteten Repubblica Romana war. Diese römische Republik, »Schwester« der jakobinischen »parthenopäischen«, also neapolitanischen, wurde von den Truppen des Königs von Neapel unter General Diego Naselli, Fürst von Aragon, im August 1799 zerschlagen. Unter Nasellis Verwaltung – er residierte im Palazzo Farnese – herrschte bis zur Rückkehr des von den Franzosen vertriebenen Papstes (nunmehr Pius VII. für den mittlerweile in Valence verstorbenen Pius VI.) am 25. Juni 1800 für einige Monate der sogenannte »weiße Terror«. Man rächte sich an den Gefolgsleuten der »roten Republik«, wobei möglicherweise der Ex-Gerichtspolizist aus Salerno Sciarpa (eigentlich Gherardo Curci), der als Ex-Brigant und Kumpan des Fra Diavolo Heerführer in Diensten des Königs von Neapel war und wegen seiner Verdienste am 24. Mai 1800 zum Baron ernannt wurde, eine Rolle spielte. Liborio Angelucci (1746 bis 1811), ein hochgebildeter Arzt und Chirurg, konnte rechtzeitig nach Frankreich fliehen und entging so der Einkerkerung in der Engelsburg, die zwei seiner Konsulatskollegen (de Matteis und Zaccaleoni) nach demütigendem Eselsritt erdulden mußten. Angelucci war in Rom seit längerem als Jakobiner stadtbekannt, hatte schon 1794 in der Engelsburg eingesessen, war aber damals auf die besondere und literarisch gefeierte Initiative des Dichters Vincenzo Monti freigelassen worden. Wenn Angelucci jemals die Kirche Sant'Andrea della Valle betreten haben sollte, so hat er dort allerdings keine Cappella degli Attavanti finden können,[1] dafür möglicherweise ein Altarbild (mit S. Carlo Borromeo) des Malers Bartolomeo Cavarozzi (1590–1625) (= Cavaradossi?). Die Sängerin Floria Tosca ist keine historische Gestalt, erinnert aber an den damals beginnenden Primadonnenkult. Man könnte an Vorbilder wie Celeste Coltellini (1764–1829) denken, die wie die Tosca in Sardous Theaterstück eine bedeutende und sogar die erste Nina in Giovanni Paisiellos Oper *Nina ossia la pazza per amore* (Uraufführung 1789) war, zumal sie eine sentimentale Verbindung mit dem jakobinischen Dichter Ignazio Ciaia (1766–1799) hatte, der 1799 in Neapel hingerichtet wurde. Vielleicht ist auch die Sopranistin Angelica Catalani (1780–1849) ein Vorbild gewesen, eine viel gemalte Schönheit der Zeit, die, wie Tosca im Kloster erzogen, kirchen- und königstreu und immens eifersüchtig war. All diese und noch andere Spekulationen täuschen aber nicht darüber hinweg, daß die Handlung insgesamt (und hier bezieht man sich am besten auf das außerordentlich sorgfältig motivierte Theaterstück von Victorien Sardou) rein fiktiv ist, allerdings in einem Sinne, den Sardou mit Alexandre Dumas père als Erhebung der Geschichtsschreibung auf die Höhe des Romans bezeichnete und wegen des Grades der Anschaulichkeit weit über die Faktenkataloge wissenschaftlicher Geschichtsschreibung stellte.

1 Als Schauplatz des ersten Aktes von *Tosca* gilt in dieser Kirche die Cappella Ginetti oder Lancellotti. Grabplatten der Familie Attavanti befinden sich in der Kirche Trinità dei Monti; ihre Kapelle war früher einmal in Sant'Agostino, übrigens mit anderem Wappen als dem bei Puccini angegebenen.

Puccini hatte Sardous 1887 uraufgeführtes Stück im Oktober 1895 in Florenz mit Sarah Bernhardt in der Titelrolle gesehen und war davon fasziniert. Allerdings sorgte er später dafür, daß das Libretto weitestgehend seines politischen Charakters entkleidet und auf die Ebene von Sentiment und Liebe reduziert wurde. In der Tat ist Mario Cavaradossi in Sardous Stück kein hedonistischer Traumtänzer, sondern ungeachtet seines Künstlertums als Maler und Schüler von Louis David ein zupackender republikanischer Intellektueller, dessen Herkunft genau geschildert wird. Ausgestattet mit dem Tituskopf und dem Bart der Revolutionäre (welcher Regisseur würde ihn heute so auf die Opernbühne zu stellen wagen?) ist er der Sohn einer Französin und eines italienischen Freigeistes aus alter römischer Patrizierfamilie, der mit Voltaire, Rousseau und den Enzyklopädisten Verbindung pflegte. In Sardous *Tosca* trifft Cavaradossi bei einem eher geschäftsmäßigen kurzen Aufenthalt in Rom auf ein naives frommes Menschenkind, La Tosca, deren begnadete Stimme ihr den Weg von einer einfachen Ziegenhirtin über ein klösterliches Konservatorium bei den Benediktinerinnen von Verona zur bedeutenden Solokarriere eröffnet hat. Um den Anschein der Authentizität zu erwecken, spart Sardou nicht mit wohlklingenden Namen. Der Komponist Domenico Cimarosa habe Tosca im Kloster entdeckt, Giovanni Paisiello sei ihr Förderer und Freund. Das fromme konservative Naturkind Tosca und der »linke« Intellektuelle Cavaradossi leben ihre Liebesbeziehung vor dem Hintergrund des Hofes des Königs Ferdinand IV. von Neapel und besonders der dominanten Königin Maria Carolina, deren Freundin neben Tosca auch die »femme fatale« der Epoche, Lady Hamilton, ist. Cavaradossis politisches Engagement für die jakobinische Sache wird von Toscas egoistischer Eifersucht konterkariert; dies macht sich der bei Sardou zwar auch perfide, aber zugleich unter existentiellem Erfolgsdruck stehende Polizeichef Vitellio Scarpia zunutze, wobei er – nach eigener Aussage ähnlich wie

Jago in Shakespeares *Othello* das ominöse Taschentuch – den Fächer der Attavanti als Köder für seine dunklen Pläne nutzt.

Durch die Erwähnung der Schlacht bei Marengo (am 14. Juni 1800) erhält die dramatische Handlung ihre genaue zeitliche Fixierung am 17. Juni 1800 und ihre Spannung. Allerdings hat es die zwei Depeschen, die gemäß Sardous Stück dem neapolitanischen Hof zuerst den Sieg über Napoleon und dann wenig später die Niederlage der Österreicher melden, nachweislich nicht gegeben; sie sind durch den Historiker Pietro Colletta erfunden worden, ganz abgesehen davon, daß Cavaradossis Freiheitshymne in b-Moll aus dem zweiten Akt der Oper in Sardous »La Tosca« fehlt und eine sehr effektvolle Erfindung der Librettisten ist. Daß die Schlacht bei Marengo nachmittags von Napoleon Bonaparte verloren und abends dank der Intervention des Generals Desaix de Veygoux, der mit seinen Hilfstruppen rechtzeitig eintraf, gegen die Österreicher unter General von Melas gewonnen wurde, ist hingegen eine historische Tatsache, ebenso daß durch diesen Sieg erst eigentlich die für Italien schließlich nicht unbedingt heilsame napoleonische Periode begann.

Victorien Sardou ist für seine so trefflich erfundene Story vielfach des Plagiats angeklagt worden; in einem Prozeß mit dem amerikanischen Stückeschreiber Maurice Barrymore mußte er sogar Rede und Antwort stehen, woher er die Geschichte habe. Er verwies dabei auf ein Geschehnis aus den französischen Religionskriegen des 16. Jahrhunderts in Toulouse: Eine Protestantin (Mme. de Lestonnac) dachte das Leben ihres Ehemanns mit ihrem Körper zu erkaufen, aber der Connétable Anne de Montmorency betrog sie zynisch und zeigte ihr die Leiche des schon gehängten Gatten durch das Fenster. Zugleich machte Sardou allerdings deutlich, daß diese Thematik ein literarischer Gemeinplatz sei, der auch in Shakespeares *Maß für Maß* vorkomme. Als Opernlibretto hat der Stoff deutliche Parallelen

zu Umberto Giordanos *Andrea Chénier* (Libretto von Luigi Illica), der 1896 uraufgeführt wurde. Auch dort handelt es sich, mit leichten Abstrichen, um die Tragödie eines noblen, liebesfähigen Künstlers (Tenor), der von einem nur der fleischlichen Lust frönenden Vertreter der Staatsgewalt (Bariton) zugrunde gerichtet wird und dem die hehre liebende Frau (dramatischer Sopran) in den Tod folgt.
Als Puccini sich entschloß, Sardous *La Tosca* zu vertonen, war er schon eine internationale Berühmtheit. Schrittweise und nicht ohne Mühe war er mit einer verhältnismäßig kleinen Zahl von Opern dahin gelangt. War er mit seinem ersten Werk *Le Villi* (1881) noch kaum aufgefallen, so weckte sein *Edgar* (1889) schon einige Aufmerksamkeit, ehe er mit *Manon Lescaut* (1893) einen dauerhaften Erfolg erzielte. Seine eigentliche »Weihe« kam jedoch 1896 mit der Aufführung der *La Bohème* in Turin. Er wurde der Führer der veristischen Schule und verdrängte in dieser Rolle Leoncavallo und Mascagni. *Tosca* (1900) war erst die dritte seiner großen Opern und die zweite von den drei Opern, deren Libretto von Luigi Illica und Giuseppe Giacosa ausgearbeitet wurde (die anderen beiden sind *La Bohème* und *Madama Butterfly*). Wie immer bei Puccini begleitete die Erstellung des Librettos eine umfängliche Korrespondenz. Illica hatte 1896 eine erste Opernversion für den Baron Alberto Franchetti (1860–1942) verfaßt und damit, wie berichtet wird, den alten Verdi beeindruckt. Das gab für Puccini, der sich schon länger mit dem Gedanken an die Veroperung des Stoffes trug, den Ausschlag. Dem Verleger Ricordi gelang es, das Libretto Franchetti zu entreißen und Puccini zuzuschanzen.
Das Textbuch der *Tosca* ist, abgesehen von der schon erwähnten Umfunktionierung der Hauptpersonen, von schlagender Stringenz. Alles spielt sich innerhalb von 24 Stunden in drei Akten ab (bei Sardou sind es fünf Akte); retardierende Momente wie der bei Sardou im zweiten Akt breit gezeichnete Hof der Königin Carolina wurden getilgt; aus den fünf Schauplätzen bei Sardou wurden drei; die

23 Personen Sardous wurden auf neun reduziert. Freilich blieb bei dieser Straffung die Klarheit etwas auf der Strecke, so daß man doch zu dem Stück Sardous greifen sollte, um Personen und Situationen genau entschlüsseln zu können. Der szenischen Schlagkraft einer *Tosca*-Aufführung tut diese gewisse Unklarheit aber keinen Abbruch. Konnte Puccini 1895 in Florenz schon der Aufführung des Sardou-Stücks folgen, ohne Französisch zu können, so hat sich diese Sinnfälligkeit der Dramatik in Puccinis Oper noch verstärkt. Von dem Schlagercharakter der Opernnummern zeugen die Wunschkonzerte.

Dabei geht es in Puccinis *Tosca* eigentlich um die Überwindung der kulinarischen Opernrezeption. Man hat immer wieder darauf hingewiesen, wie Puccinis Kompositionstechnik darauf aus ist, die schöne Kantilene zu stören und die großen Operngesten zurückzunehmen. Wenn z. B. Cavaradossis berühmte Arie aus dem ersten Akt, »Recondita armonia« (S. 10), zwar vom Orchester gebührend vorbereitet wird, sich aber schon im achten Takt des erwarteten schönen Stücks die Stimme des Mesners unter die des Tenors mischt, wenn auf dem ekstatischen Höhepunkt, der Kadenz des Tenors vom hohen b herab, der Mesner weitersingt und das Orchester weiterspielt, geht der Beifall ins Leere, und das Konzept der Nummernoper ist zerbrochen. Eine andere berühmte Stelle ist die des Scarpia-Mordes am Ende des zweiten Akts. Puccini kompensiert den grellen Effekt durch ein langes Nachspiel, das mit fahlen Bläserakkorden anhebt. Die Schlußworte »E avanti a lui tremava tutta Roma« (S. 94) waren ursprünglich von den Librettisten gestrichen worden. Puccini forderte ihre Wiederaufnahme als Deklamation auf *einem* Ton, um so eine psychologische Vertiefung der Situationstheatralik zu erreichen. Die Negierung des traditionellen Formenkanons der italienischen Oper geht bei Puccini mit einem kompositorischen Bewußtsein einher, das der Vorstellung vom romantischen Originalgenie widerspricht. So hatte ihm der Verleger Giulio Ricordi heftige Vorwürfe gemacht, daß er im dritten Akt der *Tosca* melodisches Material wiederverwendet habe, das schon für seine Oper *Edgar* (im verworfenen vierten Akt) vorgesehen war. Puccini rechtfertigte sich damit, daß es allein darauf ankomme, ob Musik passe oder nicht passe, und verteidigt damit seine Methode des oft bei ihm anzutreffenden »Recycling« von schon vorher Komponiertem und der Montage mit akribisch recherchiertem musikalischen Material verschiedener Herkunft.[2]

Es ist erkennbar, daß Puccini weit mehr ist als der mediokre Ohrwurmkomponist, als der er oft hingestellt wird. Allerdings darf man seine Nähe zu Richard Wagner, den er schon früh zu studieren begann, und z. B. zu Richard Strauß, dessen Uraufführungen er, wenn immer es ging, beiwohnte, nicht übertreiben. Er war zweifellos kein naiver Künstler, aber als versierter Theatermann, dem absolute Musik fremd war, auch kein Experimentator.

Dabei hatte seine Karriere ganz anders begonnen. Als Sproß einer Dynastie von Domorganisten und Musikdirektoren der toskanischen Stadt Lucca war das Berufsbild von Giacomo Puccini (1858–1924) von vornherein sogar vertraglich festgelegt. Er entschied sich jedoch anders und ging, nachdem er zweiundzwanzig Jahre lang Lucca so gut wie nie verlassen hatte, 1880 nach Mailand, um danach nur noch besuchsweise in seine Heimatstadt zurückzukehren. Allerdings nahm er schließlich seinen ständigen Wohnsitz in dem nur 25 km von Lucca entfernten Dorf Torre del Lago und lebte dort nahezu dreißig Jahre lang. Seinen zunehmenden Reichtum investierte Puccini ausschließlich in Häuser in der Nachbarschaft. Er war trotz seiner gegen das Establishment gerichteten Opernthematik und den sich darin manifestierenden Sehnsüchten ein vorsichtiger Bourgeois, der auf sei-

2 Beispiele: das Tedeum im ersten Akt der *Tosca*; Toscas Kantate auf den vermeintlichen Sieg bei Marengo im zweiten Akt (in Paisiellos Kompositionsstil, der hier jedoch nur nachempfunden ist); das Lied des Hirten im römischen Dialekt im dritten Akt.

nen zahlreichen Auslandsreisen lieber nur in den zweitbesten Hotels abstieg und zeit seines Lebens trotz aller Familienfehden einer einzigen Frau treu blieb. Als Opernkomponist war er ungemein sorgfältig und schrieb in vierzig Jahren nur acht abendfüllende Opern und vier Einakter, die dann fast immer von ihrer Uraufführung an Erfolge waren. Seine skrupulöse Langsamkeit und Hartnäckigkeit, seine Präsenz bei den Schlußproben der Aufführungen waren bei den Librettisten und Theaterdirektoren gefürchtet. Sie machten ihn trotz der zuweilen offensichtlichen Austauschbarkeit seiner Musik zu einem unverwechselbaren Komponisten, der nicht nur die szenische Wirkung genau bis ins Detail kalkulierte, sondern auch Artikulation, Rhythmik, Tempo etc. so genau notierte, daß man ihm die gehörige Akribie auch in der Aufführung seiner Werke angedeihen lassen sollte, was leider nicht immer geschieht.

Die Uraufführung der *Tosca* am 14. Januar 1900 im Teatro Costanzi in Rom brachte den Beweis, daß die politische Lage noch fast ebenso gespannt war wie zu der Zeit, in der die Oper spielt. Der politische Aufruhr (nun zwischen Sozialisten, Anarchisten und Konservativen in der konstitutionellen Monarchie Italiens), der im Juli 1900 zur Ermordung des Königs Umberto I. führte, gab sich am Premierenabend in einer Bombendrohung kund, die vor allen Dingen den Dirigenten Leopoldo Mugnone erschreckte, der 1893 im Barceloneser Teatro del Liceo ein Attentat mit mehreren Toten erlebt hatte. Doch hier ging trotz der Anwesenheit der italienischen Königin alles gut, und das Werk und seine Hauptdarsteller – die rumänische Sopranistin Hariclea Darclée, Emilio de Marchi als Cavaradossi und Eugenio Giraldoni als Baron Scarpia – erlebten den Umständen entsprechend einen mittelmäßigen Erfolg. Den Triumphzug um die Welt trat das Werk erst mit Interpreten an, die die Partien zum Zugpferd ihrer Karriere machten. Dabei scheint ein Aspekt der weiblichen Hauptperson bisher weniger beachtet worden zu sein. Tosca ist als Person selbst

Opernsängerin, und zwar, wie wir ergänzend aus Sardou entnehmen können, ein lyrischer Mezzosopran, der Paisiellos Nina singen konnte. Es wäre eine interessante Interpretationsnuance, diese zarte Nina so unter Stress stehend darzustellen, daß sie zum veristischen dramatischen Sopran wird. Vielleicht hat Maria Callas den Weg gewiesen.

Henning Mehnert

Opern-, Operetten-, Musical- und Oratorientexte

Johann Sebastian Bach, Johannes-Passion. Matthäus-Passion. Weihnachts-Oratorium. Messe in h-Moll. 93 S. UB 18063

Ludwig van Beethoven, Fidelio. 48 S. UB 2555

Vincenzo Bellini, Norma. Ital./dt. 85 S. UB 4019

Georges Bizet, Carmen. 91 S. UB 8258 – Carmen. Franz./dt. 245 S. UB 9648

Gaëtano Donizetti, Don Pasquale. 48 S. UB 3848 – Der Liebestrank. 60 S. UB 4144 – Lucia von Lammermoor. 48 S. UB 3795

Christoph Willibald Gluck, Orpheus und Eurydike. 47 S. UB 4566

Charles Gounod, Margarete (Faust). 64 S. UB 8329

Joseph Haydn, Die Schöpfung. Die Jahreszeiten. 55 S. UB 6415

Engelbert Humperdinck, Hänsel und Gretel. 52 S. UB 7749

Kiss Me Kate. 181 S. UB 9263

Ruggero Leoncavallo, Der Bajazzo. Ital./dt. 71 S. UB 8311

Albert Lortzing, Zar und Zimmermann. 80 S. UB 2549

Wolfgang Amadeus Mozart, Così fan tutte. 86 S. UB 5599 – Così fan tutte. Ital./dt. 162 S. UB 8685 – Don Giovanni. 93 S. UB 2646 – Don Giovanni. Ital./dt. 187 S. UB 7481 – Die Entführung aus dem Serail. 78 S. UB 18400 – Die Hochzeit des Figaro. 101 S. UB 2655 – Die Hochzeit des Figaro. Ital./dt. 200 S. UB 7453 – Idomeneo. Ital./dt. 112 S. UB 9921 – Titus. Ital./dt. 104 S. UB 9926 – Die Zauberflöte. 90 S. UB 2620

Otto Nicolai, Die lustigen Weiber von Windsor. 70 S. UB 4982

Jacques Offenbach, Hoffmanns Erzählungen. 68 S. UB 7751 – Hoffmanns Erzählungen. Franz./dt. 246 S. UB 18329 – Orpheus in der Unterwelt. 123 S. UB 6639

Giacomo Puccini, La Bohème. 71 S. UB 7898 – La Bohème. Ital. / dt. 174 S. UB 9364 – Madame Butterfly. 70 S. UB 7949 – Tosca. Ital./dt. 126 S. UB 6799 – Turandot. 60 S. UB 9659

Gioacchino Rossini, Der Barbier von Sevilla. Ital./dt. 151 S. UB 8998

Bedřich Smetana, Die verkaufte Braut. 48 S. UB 8584

Johann Strauß, Die Fledermaus. 87 S. UB 8260 – Eine Nacht in Venedig. 80 S. UB 7752

Peter Tschaikowsky, Eugen Onegin. 60 S. UB 8497

Giuseppe Verdi, Aida. Ital./dt. 88 S. UB 9338 – Don Carlos. 87 S. UB 8696 – Don Carlos. Ital./dt. 144 S. UB 18350 – Falstaff. 78 S. UB 7823 – Macbeth. Ital./dt. 84 S. UB 8333 – Die Macht des Schicksals. 64 S. UB 7297 – Ein Maskenball. 80 S. UB 4236 – Nabucco. Ital./dt. 87 S. UB 18216 – Othello. 62 S. UB 7727 – Othello. Ital./dt. 142 S. UB 9469 – Rigoletto. 63 S. UB 4256 – Rigoletto. Ital./dt. 119 S. UB 9704 – Simone Boccanegra. 63 S. UB 7862 – Simon Boccanegra. Ital./dt. 109 S. UB 18327 – La Traviata. 64 S. UB 4357 – La Traviata. Ital./dt. 115 S. UB 9424 – Der Troubadour. 63 S. UB 4323

Richard Wagner, Der fliegende Holländer. 80 S. UB 18317 – Götterdämmerung. 135 S. UB 5644 – Lohengrin. 117 S. UB 5637 – Die Meistersinger von Nürnberg. 207 S. UB 5639 – Parsifal. 111 S. UB 18362 – Das Rheingold. 116 S. UB 5641 – Rienzi. 80 S. UB 5645 – Siegfried. 144 S. UB 5643 – Tannhäuser. 101 S. UB 5636 – Tristan und Isolde. 135 S. UB 18272 – Die Walküre. 128 S. UB 5642

Carl Maria von Weber, Der Freischütz. 64 S. UB 2530

West Side Story. 136 S. UB 9212

Philipp Reclam jun. Stuttgart